藏风蒙韵

辽宁海棠山摩崖造像内容总录

阜新蒙古族自治县普安寺　编

一希　主编

文物出版社

图书在版编目（ＣＩＰ）数据

藏风蒙韵：辽宁海棠山摩崖造像内容总录 / 一希主编；阜新蒙古族自治县普安寺编．-- 北京：文物出版社，2022.1

ISBN 978-7-5010-5151-9

Ⅰ．①藏… Ⅱ．①一… ②阜… Ⅲ．①摩崖造像－调查报告－阜新蒙古族自治县 Ⅳ．①K877.495

中国版本图书馆 CIP 数据核字 (2021) 第 259212 号

藏风蒙韵——辽宁海棠山摩崖造像内容总录

阜新蒙古族自治县普安寺　编

一希　主编

策　　划：一　希
责任编辑：李子裔
图书设计：北京雅昌设计中心
责任印制：张道奇

出版发行：文物出版社
社　　址：北京市东城区东直门内北小街 2 号楼
邮　　编：100007
网　　址：http://www.wenwu.com
经　　销：新华书店
印　　刷：北京雅昌艺术印刷有限公司
开　　本：889mm×1194mm　1/12
印　　张：31.5
版　　次：2022 年 1 月第 1 版
印　　次：2022 年 1 月第 1 次印刷
书　　号：ISBN 978-7-5010-5151-9
定　　价：860.00 元

主编简介

一希，法名嘉木样一希嘎哇尼摩，号六山，蒙古族，辽宁阜新人。现任海棠山普安寺住持，兼任中国宗教学会理事、辽宁省佛教协会常务理事、阜新市佛教协会副会长。1993年师从瑞应寺班丹格西披剃，是国家宗教政策落实以后辽宁省首批藏传佛教僧人。1996年，被选定为该寺第六世活佛转世灵童之一。2001年住持普安寺。2009年在北京大学哲学系宗教学系研究生班学习，并在中国社会科学院世界宗教研究所首届宗教博学高级研修班学习。2014年，被土观活佛认定为普安寺寺主。多年来爱国爱教，悉心修行，以持理普安寺为毕生事业。欣逢盛世，在党的宗教政策指导下，在众多善信护持下，恢复殿宇，保护遗产，弘扬文化，在推动地方经济发展、促进民族团结等方面起到了积极作用。研究方向为佛教历史、教义与石窟寺艺术，致力于海棠山摩崖造像保护和研究，著有《如饮甘露》、《普安寺志》（蒙文版）等。

主　编

一　希

副　主　编

谈晟广　景天星

编　委

刘华雨　孙大可　张伯丞　张水灵　陈艳玲

测量采集

孙延国　张焕粉　仁　钦　包爱民　斯钦布和　刘建华

项目协理

陈　红　窦　娟　李　强　苏　平　王凯飞　王素清
吴海燕　邢　旺　徐彦先　杨智文　张志文　张忠刚

（按姓名音序排序）

摄影／拓片制作

段　奇　冯晟祎　齐福山　闫俊杰　张　巧

目 录

中区 ✦

北区

前言

海棠山，地处辽宁省阜新蒙古族自治县大板镇西北。相传舜时把全国划为十二州，每州各封一镇山，作为祭祖之地，医巫闾山即为北方幽州之镇山，而海棠山正是医巫闾山北段主峰。据文献记载和考古发现可知，这里自古以来文化繁盛，民族间交往密切，为农耕文明与草原文明的交汇地带，历史上曾留下了无数人类活动的遗存。建在海棠山中的普安寺和遍布山壁上的摩崖石刻造像即是其中极具代表性且特色鲜明的古代文化艺术宝库。

普安寺，蒙古语称"阿拉坦锡图"，始建于清康熙二十二年（1683），俗称大喇嘛洞。道光五年（1825），清宣宗亲赐寺名——普安寺。海棠山摩崖造像由普安寺一世活佛发起雕刻，于四世活佛时期初具规模，并在五世活佛时期达到鼎盛。据历代《阜新县志》及《海棠山》（1994年4月10日第2版）记载，自康熙二十二年开始，一世活佛巴雅斯古朗开始雕刻摩崖石刻造像。据《普安寺》一书所载，乾隆三十八年（1773）雕刻一尊苏日塔拉迪彦奇像；到五世活佛时，根据全旗大小村屯总数，共刻有1449尊造像。造像活动从康熙年间开始，一直持续到宣统年间，在长达两百多年的历史中经久不衰。

从开凿规模来看，佛教石刻艺术自汉代沿丝绸之路传入我国，至唐宋达到高峰，元明以后开始衰落，此后已罕见成片大规模开凿的石窟群，而海棠山却晚至清代仍在大规模雕刻，殊为难得，个中原因也值得深入探讨。从佛教题材上看，海棠山摩崖石窟是以藏传佛教造像为核心，这在中国丰富的摩崖石窟群中很是罕见，是非常重要的宗教、文化与艺术资源。但是，多年来社会各界对海棠山摩崖石刻关注者甚少，亲临者更少，甚至在石窟艺术研究专家口中也鲜少提及。除普安寺组织出版的相关资料，以及罗显明等著的《普安寺摩崖造像鉴赏》和零星散见的介绍性短文外，关于海棠山摩崖造像的学术研究成果并不多。鉴于此，自2010年开始，我们集中对海棠山摩崖造像进行调查和整理。

在调查过程中，将全山分为南、中、北三个区：南区，从关帝庙经密宗殿再到佛祖殿，现存龛刻 25 龛；中区，从大雄宝殿经龙尊王佛殿一直到佛祖殿，其中也包括上师顶和持明殿，多数造像分布于这一区域，共有 121 龛。北区，从药师殿经普贤殿到白塔，龛刻 20 龛。另有部分散见的和时代较晚的未计入。总共录得造像 55 位 204 尊，其中有：

（1）佛像 5 位 59 尊：无量寿佛 35 尊，释迦牟尼佛 12 尊，药师佛 6 尊，弥勒佛 3 尊，阿弥陀佛 3 尊；

（2）佛母像 2 位 8 尊：尊胜佛母 7 尊，大白伞盖佛母 1 尊；

（3）菩萨像 12 位 33 尊：文殊菩萨 8 尊，白文殊 1 尊，红黄色文殊 1 尊，童贞文殊 1 尊，弥勒菩萨 4 尊，明目观音 5 尊，十一面八臂观音 5 尊，四臂观音 2 尊，金刚手菩萨 3 尊，金刚手三合一像 1 尊，金刚手菩萨坐像 1 尊，蓝衣金刚手 1 尊；

（4）度母像 2 位 47 尊：绿度母 29 尊，白度母 18 尊；

（5）护法像 20 位 30 尊：南方增长天王 1 尊，东方持国天王 1 尊，北方多闻天王 2 尊，玛仟护法 1 尊，马头明王 3 尊，乃琼护法 1 尊，白玛哈噶拉 1 尊，独母吉祥天 1 尊，犀甲护法 2 尊，吉祥天母 1 尊，遏迩名扬地母 1 尊，护国护法 1 尊，骑羊护法 1 尊，刚烈尊胜地母 2 尊，不动明王 3 尊，六臂玛哈噶拉 3 尊，阎摩护法 2 尊，大威德金刚 1 尊，黑独髻母 1 尊，摩利支天 1 尊；

（6）山神 1 位 1 尊；

（7）人物像 13 位 26 尊：宗喀巴 8 尊，贾曹杰 1 尊，克珠杰 1 尊，阿底峡尊者 2 尊，米拉日巴 1 尊，第一世活佛 1 尊，第二世活佛 1 尊，苏日塔拉迪彦奇 1 尊，俄·洛丹喜饶译师 1 尊，犀甲护法眷属 2 尊，关公 3 尊，关平 2 尊，周仓 2 尊。

此外，还有汉文、蒙文、藏文、梵文等题记多种，若干处。

海棠山摩崖石刻造像群具有十分重要的代表性。三大区域的所有造像均以上师顶的宗喀巴大师造像为中心，依格鲁派上师供养资粮田雕刻而成，无上瑜珈部、瑜珈部、事部、行部本尊及深见派祖师文殊菩萨、广行派祖师弥勒菩萨、阿底峡尊者、一世活佛、二世活佛和护法等次第排列，布局如法，井然有序，共同构成了一座坛城。这座极为罕见的摩崖坛城和普安寺一起，共同见证了清代藏传佛教在内蒙古东部地区的传播和发展，是一座鲜活的佛教历史、文化与艺术博物馆。

本书在编写过程中始终坚持以习近平新时代中国特色社会主义思想为引领，全面贯彻习近平总书记关于传统文化的论述和指示批示精神，认真落实国务院办公厅印发的《关于加强石窟寺保护利用工作的指导意见》（国办发 [2020]41 号）中的要求，力求为丰富石窟艺术增色添彩，让更多人感受海棠山摩崖石刻穿越时空的魅力。

感谢省、市、县有关部门，特别是统战、宗教、文化旅游部门以及相关专家学者，在本书出版的全过程中给予的支持。由于工作量大，困难多，不足之处所在难免，请各位专家学者批评指正。

谨对一直以来致力于保护摩崖造像及护持普安寺的各界人士致以谢忱。

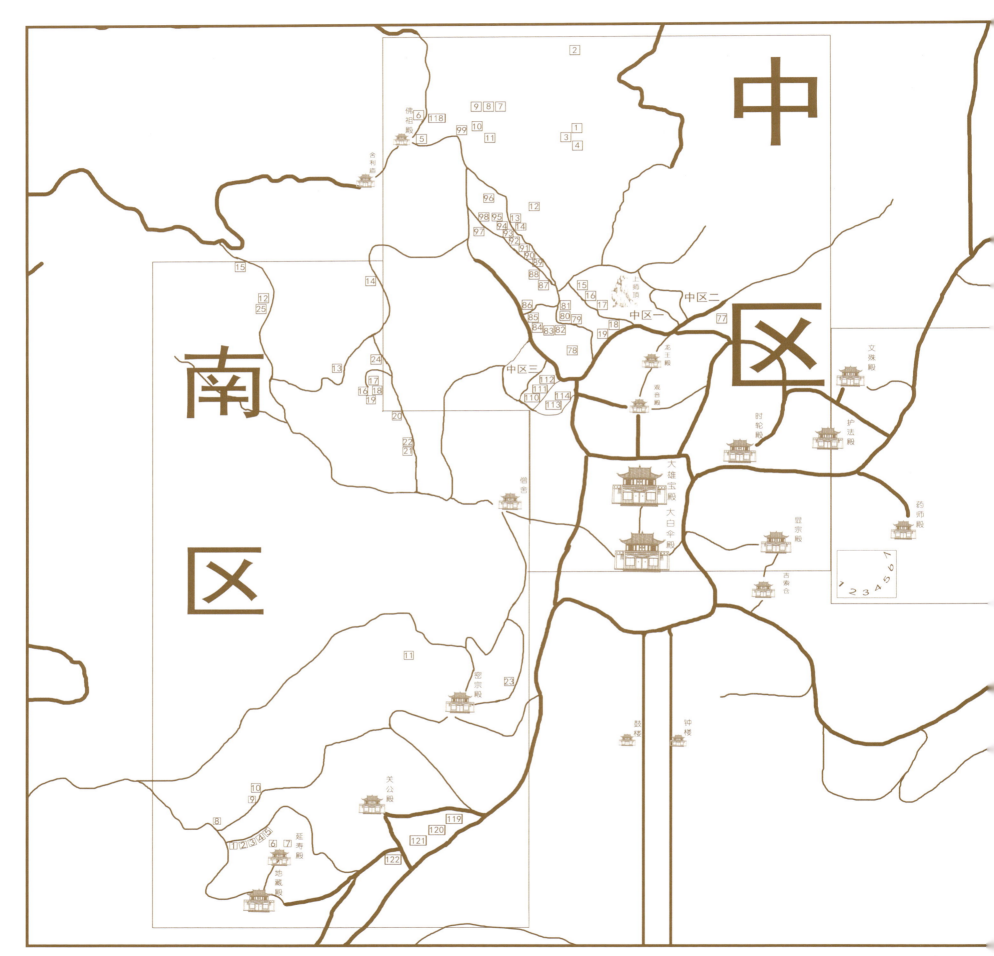

辽宁海棠山摩崖造像分布图

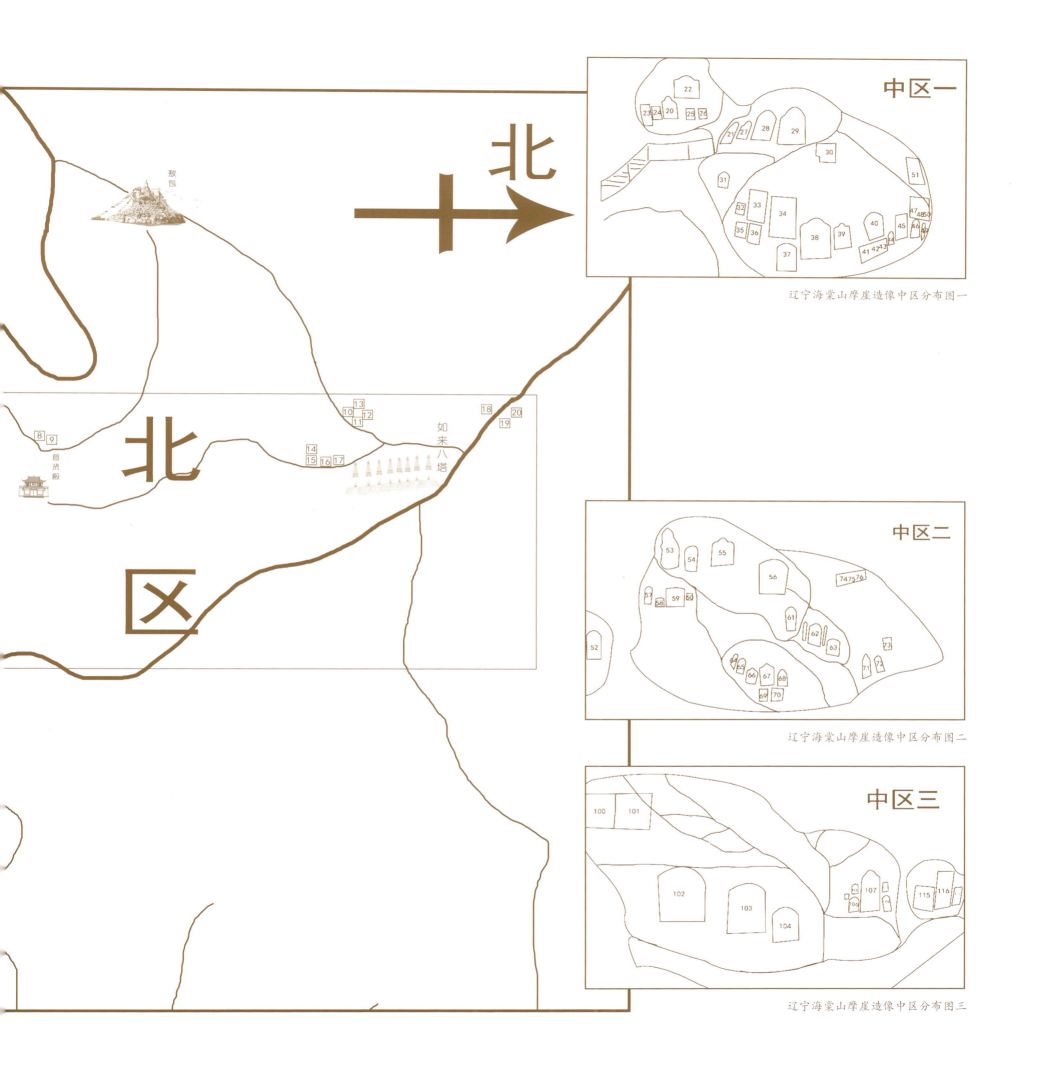

中区一

辽宁海棠山摩崖造像中区分布图一

中区二

辽宁海棠山摩崖造像中区分布图二

中区三

辽宁海棠山摩崖造像中区分布图三

北区

北

如来八塔

普贤殿

敖包

编写说明

1.《藏风蒙韵——辽宁海棠山摩崖造像内容总录》主要收录辽宁阜新海棠山地区目前已经发现的清代摩崖造像，共计166个编号造像龛。

2.以区域划分，按照龛号顺序编排，每一龛内容包括龛号、名称、位置、时代、形制、造像、现状、题记以及照片等。

3.龛号编号根据遗存所在地的地势情况，按照由上到下，由左至右或由右至左的顺序依次编号，空龛同样编号。

4.位置按照该龛所处的区域及其与其他石龛的相对位置进行描述。各龛之间、龛内造像之间的关系描述中之左右均为龛像本体之左右，与朝拜者所见左右相反。

5.形制：指该龛的形制，主要记录龛楣、龛形、平面形状、尺寸等，尺寸主要包括高度、宽度、进深（以米为单位）。

6.龛内外可见的摩崖石刻汉文、蒙文、梵文、藏文等文字均予收录。

中区

宗喀巴大师
中 -1

位置： 位于上师顶。

形制： 平面竖长方形圆拱塔形龛。龛高 3.60 米，宽 2.50 米，上深 0.06 米，下深 0.03 米。

造像内容： 宗喀巴上师圆形头光。头戴班智达帽，身着袈裟，结金刚跏趺坐于莲台之上。双目有神，面相饱满慈祥。左手于腹前拈莲枝，托钵，钵中有摩尼宝；右手拈莲枝结说法印，莲茎沿两侧手臂而上，至两肩处盛开莲花，左肩花朵上供般若经，右肩花朵上供智慧剑，象征着宗喀巴为文殊菩萨之化身。

现状： 残存部分红色彩绘，保存完好。

题记： 龛室下方刻有三行藏文题记，宽 2.50 米，高 0.63 米，上深 0.01 米，下深 0.14 米。为藏文宗喀巴大师《上师颂》，汉译为："产生一切成就金刚持，无缘慈悲大海观世音，无障智慧总主文殊师，破除一切邪魔密藏主，雪域圣哲之首宗喀巴，洛桑扎巴足前诚祈请，加持心事如愿得成就。"

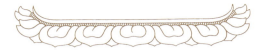

宗喀巴大师
中-2

位置： 位于上师顶。

形制： 平面竖长方形圆拱塔形龛。龛高 2.36 米，宽 1.56 米，上深 0.15 米，下深 0.08 米。

造像内容： 宗喀巴上师双层椭圆形头光，两侧以祥云托日月。头戴班智达帽，身着袈裟，结金刚跏趺坐于仰莲座之上。面相饱满，微笑中含有慈祥。左手于腹前拈莲枝，托钵，钵中有摩尼宝；右手拈莲枝结说法印，莲茎沿两侧手臂而上，至两肩处盛开莲花，左肩花朵上供般若经，右肩花朵上供智慧剑，象征着宗喀巴为文殊菩萨之化身。

现状： 残存部分红色彩绘，保存完好。

题记： 无。

阎摩护法
中-3

位置：位于上师顶，刻于宗喀巴大师像下方的一块石头上。

形制：平面线刻，随崖面形状而雕刻。龛高 3.80 米，宽 3.00 米。

造像内容：阎摩护法威立于火焰纹背光中。牛头人身，头戴骷髅冠，三目圆睁，牛角树立，啖世张口呲利牙，火焰形赤发上冲，现忿怒水牛面相。上身佩戴璎珞，躯体丰腴，腹部圆鼓，项挂五十人头鬘。两手高举，左手持罥索，右手捧骷髅棒；双足左伸右屈，右脚踏于牛头之上，左脚踏于牛臀之上。足下水牛怒吼挣扎，立于单层莲座上，牛身下压 "囊珠森杰顿巾"（作恶者）的尸体。

现状：存部分红色彩绘，保存完好。

题记：无。

白度母

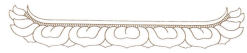

中-4

位置： 位于上师顶。

形制： 平面竖长方形圆拱塔形龛。龛高 2.35 米，宽 1.43 米，上深 0.05 米，下深 0.01 米。

造像内容： 白度母圆形背光，圆形头光，两侧以祥云托日月。头戴五佛冠，花鬘发髻，面容饱满。除双目外，额头、双手、双足各有一只眼睛。胸饰璎珞，胸前结带，戴手镯、臂钏、脚环等。帔帛搭于手臂，在肘部形成环状后再呈 S 型翻卷。左手当胸结三宝印，右手垂于膝前结与愿印，身体两侧各饰一株盛开莲花。结跏趺坐于仰覆束腰莲台上。

现状： 保存完好。

题记： 无。

释迦牟尼佛

中-5

位置： 位于佛祖殿。

形制： 平面竖长方形浅龛，拱形龛楣。龛高 4.60 米，宽 2.60 米，上深 0.02 米，下深 0.46 米。

造像内容： 释迦牟尼佛双层背光，双层圆形头光，两侧以祥云托日月。头戴五叶宝冠，面容寂静，宽额丰颐，表情深沉，耳边宝缯向上翻卷，耳际簪花。肩胸宽厚，肢臂浑圆，饰珠宝璎珞，戴手镯、臂钏、脚环。身着袒右式袈裟，衣褶线条流畅，层次丰富。左手于腹前结禅定印，托钵。右手垂右膝前施触地印。结跏趺端坐于仰覆式束腰莲台之上。

现状： 保存完好。现今在佛龛像前建有水泥阁楼，共四根柱子，前两根柱子雕龙。佛龛上方刻匾额 "佛光普照"。佛像虽为开放式，未砌墙封闭，仍形似大殿，故被称为佛祖殿。

题记： 龛左下侧有整齐的藏文题记，共 8 行，宽 1.00 米，高 1.10 米，为藏传佛教 "四皈依"，汉译为："皈依上师、皈依佛、皈依法、皈依僧"。

释迦牟尼佛
中-6

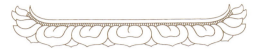

位置： 位于佛祖殿北侧。

形制： 平面竖长方形圆拱塔形龛。龛高 1.13 米，宽 0.84 米，上深 0.01 米，下深 0.08 米。

造像内容： 释迦牟尼佛双层圆形背光，圆形头光，磨光式髻发，面容模糊，双耳垂肩，身着袈裟，偏袒右肩。左手置腹前，施禅定印，托钵，右手垂于右膝前，结触地印。结跏趺坐于仰式莲台上。

现状： 保存基本完好。

题记： 无。

药师佛
中-7

位置： 位于中-8白度母左侧。

形制： 平面竖长方形圆拱塔形龛。龛高 1.46 米，宽 0.96 米，上深 0.08 米，下深 0.05 米。

造像内容： 药师佛双层圆形背光，圆形头光，两侧以祥云托日月。磨光高肉髻，面相方圆浑厚，细眉，细目，双耳垂肩。身形较长，左手于腹前托钵，钵中有三叶草。右手置右膝上，结与愿印。身披袈裟，结跏趺坐于仰莲座上。

现状： 保存基本完好。

题记： 无。

白度母

中 -8

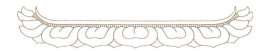

位置： 位于佛祖殿北侧，与药师佛刻于同一块大石上，大石高 2.30 米。

形制： 平面竖长方形圆拱塔形龛。龛高 0.53 米，宽 0.38 米，上深 0.01 米，下深 0.06 米。

造像内容： 白度母圆形背光，圆形头光，两侧以祥云托日月。头藏五佛冠，面容模糊不清，左手当胸结印，右手垂于膝前结印，所结手印均不清晰，结跏趺坐于莲台上，全身罩于背光之中。衣饰等均模糊不清。

现状： 造像风化严重，各个部位均有严重风化，多模糊不清，仅存轮廓。

题记： 无。

药师佛

中-9

位置： 位于佛祖殿北侧，刻于一块高 1.50 米的大石上。

形制： 平面竖长方形圆拱浅龛。龛高 0.95 米，宽 0.73 米，上深 0.05 米，下深 0.01 米。

造像内容： 药师佛双层圆形背光，圆形头光，两侧以祥云托日月。头饰螺发，顶有高肉髻，面容饱满、寂静，双耳垂肩。身着袒右式袈裟，衣褶线条层次明显。左手放置腹前，施禅定印，托钵。右手垂于右膝前，结与愿印，结跏趺坐于仰莲台上。

现状： 保存完好。

题记： 无。

无量寿佛
中-10

位置： 位于佛祖殿北侧，刻于一块高 1.78 米，宽 1.82 米的大石上。

形制： 平面竖长方形圆拱塔形龛。龛高 1.11 米，宽 0.94 米，上深 0.17 米，下深 0.05 米。

造像内容： 无量寿佛圆形背光，圆形头光，两侧以祥云托日月。头戴五佛冠，发髻高束，面容饱满，戴大耳珰，耳边宝缯向上呈 S 型翻卷。胸饰璎珞，佩手镯、臂钏、脚环，帔帛搭于手臂，在肘部形成环状后再从身体两侧向上呈 S 型翻卷。双手于腹前结禅定印，手托长寿宝瓶，瓶中生出如意宝树。结跏趺坐于仰莲台上。

现状： 龛内左上角和右上角留存有鲜艳的彩绘蓝色痕迹，帔帛上也留存有彩绘蓝色痕迹。

题记： 龛左侧不远处一块崖面上有藏文题记，宽 1.00 米，高 0.53 米，深 0.01 米，为六字大明咒，汉译为："唵嘛呢叭咪吽"。龛上方刻有题记，高 0.16 米，宽 1.00 米。

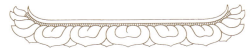

无量寿佛
中-11

位置： 位于佛祖殿东北侧，刻于一块高 3.20 米，宽 4.20 米的大石上。

形制： 平面竖长方形浅龛。龛高 1.10 米，宽 0.88 米，上深 0.14 米，下深 0.10 米。

造像内容： 无量寿佛双层圆形背光，圆形头光，两侧以祥云托日月。头戴五佛冠，发髻高束，面容饱满，戴大耳珰，耳边宝缯向上呈 S 型翻卷。胸饰璎珞，佩手镯、臂钏、脚环，帔帛搭于手臂，在肘部形成环状后再从身体两侧向上呈 S 型翻卷。双手于腹前结禅定印，手托长寿宝瓶，瓶中生出如意宝树。结跏趺坐于仰莲台之上。

现状： 保存完好。

题记： 无。

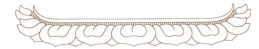

马头明王

中 -12

位置： 位于佛祖殿东北，刻于山腰处一颗大石上，大石高 4.80 米，宽 6.30 米。

形制： 平面竖长方形圆拱塔形龛。龛高 2.58 米，宽 2.12 米，上深 0.15 米，下深 0.08 米。

造像内容： 火焰纹背光。三面六臂八足，头戴骷髅冠，怒发直立，发髻中有三个马头。三面皆各具三眼，怒目圆睁，獠牙外露，现大怖畏相。正面像双耳戴大耳珰，袒胸露腹，胸前饰有璎珞，手、臂、踝皆佩蛇状钏环，项挂一串人骷髅头大璎珞，垂至腰间，腰系虎皮裙，仪态威猛。六臂侧展，呈放射状，六手或持法器，或结手印。左上手结怒斥印，左中手持长矛，左下手握钩绳，右上手握金刚杵，右中手执骷髅杖，右下手持宝剑。双足左伸右屈，呈弓步姿势，踏数条毒蛇，以莲花日轮为座，威立于大般若烈焰中。

现状： 保存完好。

题记： 龛右边题记高 1.76 米，宽 0.51 米，不可辨识。

度母双尊

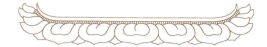

位置： 位于海棠山环山路逍遥椅北，刻于一块巨石上。

形制： 平面竖长方形组合浅龛，方形龛楣。龛高 0.90 米，宽 1.28 米，上深 0.01 米，下深 0.05 米。龛内又有二龛，均为平面竖长方形尖拱塔形龛。

造像内容： 本龛中有两尊度母造像，左边为白度母，宽 0.58 米，高 0.90 米；右边为绿度母，宽 0.61 米，高 0.90 米。

白度母圆形背光，圆形头光，两侧刻有日月。头戴五佛冠，花鬘发髻、面容饱满，双耳垂肩，戴大耳珰。除双目外，额头、双手、双足各有一只眼睛。胸饰璎珞，胸前结带，戴手镯、臂钏、脚环等。帔帛搭于手臂，在肘部形成环状后再呈 S 型翻卷。左手当胸结于胸前三宝印，拈花茎，花茎沿身体左侧向上，于肩膀处盛开鲜花，右手垂于膝前结与愿印。结跏趺坐于覆莲台上。

绿度母圆形背光，圆形头光，两侧刻有日月。头戴五佛冠，两侧刻有日月。头戴五佛冠，面容饱满，双耳垂肩，戴大耳珰。饰璎珞珠宝，戴手镯、臂钏、脚环、上着天衣，下着裙。左手于胸前结三宝印，拈花茎，花茎伸至左侧，向上伸出，至左肩处盛开莲花。右手垂右膝前结施愿印，亦拈花茎，花茎伸至右侧，向上伸出，至右肩处盛开莲花。绿度母坐于双层仰覆莲花台上，双腿屈左展右，左腿半结跏，右腿向下舒展，踏于小朵莲花上。

现状： 绿度母面部、上身及右腿皆残存绿色彩绘痕迹，保存完好。

题记： 无。

释迦牟尼佛旃檀像
中-15

位置： 位于龙尊王佛殿西北侧，与大白伞盖佛母和十一面八臂观音刻于同一块大石上。

形制： 平面竖长方形圆拱塔形龛。龛高 2.20 米，宽 1.23 米，上深 0.07 米，下深 0.07 米。

造像内容： 释迦牟尼佛旃檀像双层背光，圆形头光，两侧刻有日月。戴五叶宝冠，头束高髻。面相饱满，鼻梁挺拔，安详慈悲。双耳垂肩，耳边宝缯向上翻卷。身着圆领通肩式袈裟，前胸 U 字形衣纹，纹理工整，袈裟衣纹有阴线刻纹饰，衣褶在胸前及大腿上分布如一圈圈水波纹，左手下垂掌心向外施与愿印，右手上举掌心向外结无畏印。跣足并立于单层仰莲座上，莲尖翘起。据《增一阿含经》等经记载，释迦牟尼成道八年后，上忉利天为母说法，经九十日，优填王思慕如来，命佛陀弟子目犍连率工匠上天，"以牛头栴檀作如来形像，高五尺"，也就是说，用牛头旃檀木雕刻了一尊高五尺的佛像，带回来让优填王供奉。后来，不论以何种材料制成此样式的佛像，皆称为旃檀佛像。相传工匠观察佛陀形像时，佛全身发出金色光芒，无法正视，只能看着河水中的倒影进行雕刻。于是旃檀佛身上的袈裟满布波浪纹衣褶。也有相传说佛陀弟子为将佛的影像永留人间，但又不敢直视，便请画师照水中的影子为佛描绘相貌，因而佛像连同水纹一起被勾画下来。后人雕像，也以此画为摹本，"照佛"也因此得名。

现状： 保存完好。

题记： 无。

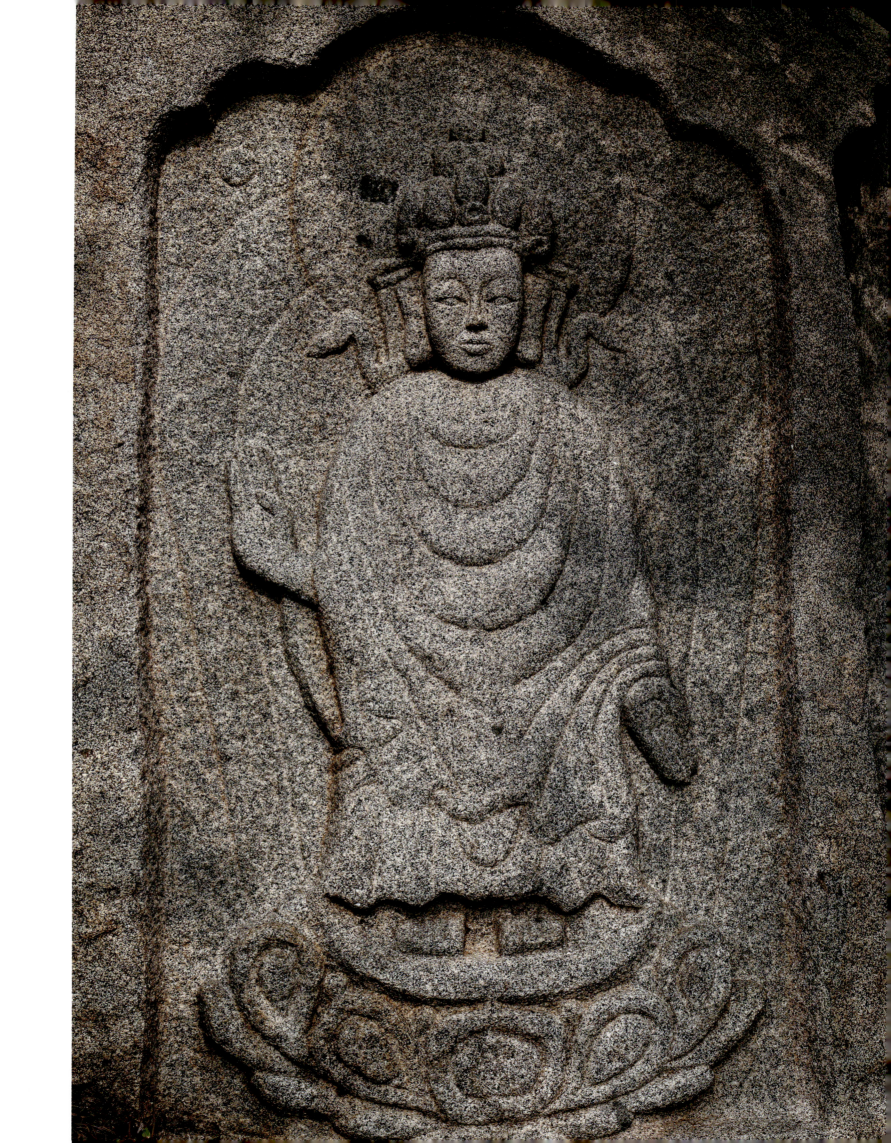

大白伞盖佛母
中 -16

位置： 位于龙尊王佛殿西北侧，与释迦牟尼佛旃檀像和十一面八臂观音刻于同一块大石上，释迦牟尼佛旃檀像左侧。

形制： 平面竖长方形浅龛，拱形龛楣。龛高 2.66 米，宽 1.63 米，上深 0.03 米，下深 0.08 米。

造像内容： 大白伞盖佛母双层圆形背光，圆形头光。头微右倾，戴五叶天冠，束高发髻，呈葫芦形，双耳垂肩，戴大耳珰，缯带于耳际向上扬起。面部长圆，三眼，嘴含微笑，宛若童子。姿态婀娜曼妙，身材纤细灵动。胸前饰璎珞，环钏众宝饰具全，帔帛自身前自然垂落，至莲座处从身后再往上扬，左手当胸持白伞盖，右手下垂施无畏印，下着宽松长裙。结跏趺坐于仰莲座上。

现状： 保存完好。

题记： 无。

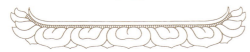

十一面八臂观音
中-17

位置：位于龙尊王佛殿西北侧，与释迦牟尼佛旃檀像和大白伞盖佛母刻于同一块大石上，大白伞盖佛母像左侧。

形制：平面竖长方形尖拱塔形龛。龛高 1.42 米，宽 0.86 米，上深 0.13 米，下深 0.08 米。

造像内容：十一面八臂观音莲瓣形背光，双层头光，两侧以祥云托日月。共有十一面八臂。十一面共分五层排列，下方三层，每层三面，共九面，皆头戴五叶宝冠，其中前三面为慈悲相，左三面为嗔怒相，右三面为白牙上出相；第四层有一面，为忿怒明王像，头戴骷髅冠，怒目圆睁，獠牙外露，发髻外突；第五层有一面，为佛说法相。头部所占比例较大，层层堆叠，形似宝塔。观音正面开脸明晰饱满，双耳垂肩，戴大耳环，身着天衣，披挂璎珞，帛带绕肩，于裙摆边垂折飞动，腰系束带，交结呈 8 字形，下着长裙，刻有精美花纹。两臂胸前合十，施礼敬印，余六臂分散展开，呈放射状，或持法器，或结手印，左上手持莲花，左中手持弓箭，左下手持净瓶，右上手结说法印，右中手持法轮，右下手结与愿印。观音跣足并列站立，下方为双层束腰仰覆莲座。

现状：保存基本完好。

题记：无。

药师佛
中 -18

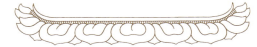

位置： 位于龙尊王佛殿东北侧，刻于白度母像上方。

形制： 平面竖长方形圆拱塔形龛。龛高 3.10 米，宽 1.86 米，上深 0.06 米，下深 0.11 米。

造像内容： 圆形头光，肉髻高耸，面相方圆浑厚，双耳垂肩。上披袈裟，衣摆宽大，覆盖于双膝。身形较长，左手于腹前托钵，右手放于右膝上，结与愿印，持带叶的"如拉"（藏青果）。结跏趺坐于线刻莲座上。

现状： 保存完好。

题记： 无。

白度母
中 -19

位置： 位于龙尊王佛殿东北侧，与药师佛刻于同一块大石上。

形制： 平面竖长方形浅龛，拱形龛楣。龛高 0.93 米，宽 0.66 米，上深 0.08 米，下深 0.01 米。

造像内容： 白度母圆形背光，圆形头光，两侧刻有日月。头戴五佛冠，花鬘发髻，双耳垂肩，戴大耳珰，除双目外，额头、双手、双足各有一只涂成浅蓝色的眼睛。饰璎珞，戴手镯、臂钏、脚环，帔帛披肩绕臂，于身体两侧向上翻卷。左手当胸结三宝印，手中拈花茎，花茎沿身体左侧向上，于肩膀处盛开鲜花，右手垂于膝前结与愿印，亦拈花茎，花茎沿右臂上伸，至右肩处盛开莲花。结跏趺坐于仰莲台上。

现状： 保存完好，残存有彩绘痕迹。

题记： 无。

普安寺第一世活佛
中-20

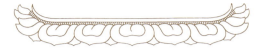

位置：位于龙尊王佛殿后，与阿弥陀佛、尊胜佛母、绿度母、弥勒菩萨刻于同一块大石上，中-24绿度母左侧。

形制：平面竖长方形尖拱塔形龛。龛高1.38米，宽1.03米，上深0.13米，下深0.01米。

造像内容：一世活佛巴雅斯古朗，头戴黄色班智达帽，双目炯炯有神，方面阔鼻，蓄胡须。着三法衣，左手置膝上托经书，右手当胸结说法印。手中拈莲枝，分别延至左右肩，于肩侧盛开莲花，左边莲花放置梵箧，右边莲花放置宝剑。结跏趺坐于双层禅台之上。

一世活佛巴雅斯古朗，法名洛桑丹森桑杰，生于明崇祯五年（1632），祖籍为内蒙古扎赉特旗，其祖上是成吉思汗之孙贵由汗驾下辅政大臣。元末随元顺帝妥灌帖睦尔汗退居塞外。顺治八年（1651），在首任土默特左翼旗扎萨克善巴贝勒的帮助下举家迁居阜蒙县。康熙二十年（1681）夏，一日耕牧于海棠山间，暇时持珠念佛于树荫之下，牛入田垅，他置佛珠驱牛之际，见猎人追一白兔至，遂不加思索将白兔藏于犁下。待猎人走远，白兔忽衔其珠，将其引入一山洞前，佛珠复得。于是进洞探个究竟，见一位坐化已久的老和尚虹身，桌子上摆放数本佛经，翻阅后发现是《大日经》等参禅修密的经书和医书等。书中夹有一封遗书手稿，上面写着："吾乃千山中流山长老也，为避金兵战乱，至此修道。然道未成，烛火将熄。后人得此书者，若发心修道，必成正果。此山有大兴黄教之时焉"。读完此话的巴雅斯古朗似已脱凡入圣而登妙觉。康熙二十二年（1683），一世活佛巴雅斯古朗，创建普安寺并开始雕刻摩崖造像。

现状：腹前被凿一小龛，被后人放置一尊佛像。其余保存完好。

题记：下层坐垫和龛下侧皆有藏文题记。下层坐垫题记宽1.02米，高0.17米。龛下侧题记宽1.09米，高0.17米。汉译为"皈依金刚上师洛桑丹森桑杰"。

普安寺第二世活佛
中-21

位置：位于中-31 绿度母上方。

形制：平面竖长方形圆拱塔形龛。龛高 1.46 米，宽 1.02 米，上深 0.03 米，下深 0.13 米。

造像内容：二世活佛洛布桑阿旺加木苏双层背光，头藏禅修帽，双耳垂肩，慈眉善目。左手结定印，托经书，右手于胸前结说法印。着僧衣，衣纹阴刻，衣覆双腿，结跏趺坐于双层禅台之上。二世活佛洛布桑阿旺加木苏，出生于康熙三十七年（1698），原籍土默特左翼旗诺音宝尔呼村。康熙四十七年（1708）坐床。康熙五十年（1711）到达甘丹寺，修学十余年，并通过严格的考核，获得格鲁派最高学位，五世班禅亲颁色赤饶降巴学位（即金座格西），并授予他色赤饶降巴莫尔根堪布称号，雍正元年（1723），二世活佛随同五世班禅大师奉旨进京参加雍正皇帝登基大典，受封为阿拉坦锡哷图葛根（活佛）。乾隆元年（1736），奉旨参加了乾隆皇帝登基大典。乾隆二年，乾隆皇帝册封为"阿喇坦锡哷图班智达莫尔根堪布呼图克图"，赏赐印信。

现状：略有风化，保存比较完好。

题记：下层禅垫和龛下有藏文题记，宽 1.15 米，高 0.18 米，已漫漶不清。

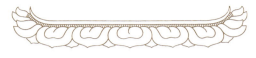

尊胜佛母
中-22

位置： 位于中-20第一世活佛像左上方。

形制： 平面竖长方形圆拱塔形龛。龛高1.64米，宽1.44米，上深0.15米，下深0.30米。

造像内容： 尊胜佛母为三面八臂造型，莲瓣形背光圆形头光，三面表情不同，中间面形圆阔、沉静，左面呈忿怒相，右面怡容愉悦，每面有三眼。佩戴璎珞，肩披帛带。胸前有两臂，左手结忿怒拳印并持有胃索，右手托十字金刚杵，其余六臂分列左右，左上手施无畏印，左中手持弓，左下手持定印并托甘露宝瓶；右上手托莲座，莲座上有阿弥陀佛坐像，右中手握箭，右下手垂于右腿之前，施与愿印，结跏趺坐于莲台上。

现状： 保存完好。

题记： 龛下侧有藏文题记，宽1.44米，高0.30米，为尊胜佛母心咒："嗡布仁娑哈嗡阿弥日达阿优达底娑哈。"

阿弥陀佛

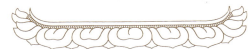

中 -23

位置： 位于龙尊王佛殿后，与绿度母、第一世活佛、尊胜佛母、绿度母、弥勒菩萨刻于同一块大石上。

形制： 平面竖长方形浅龛。龛高 1.32 米，宽 0.90 米，上深 0.15 米，下深 0.01 米。

造像内容： 阿弥陀佛双层圆形背光与头光。螺髻高耸，面容饱满，面相祥和庄严，双目低垂，双耳垂肩。身披袈裟，双手置于腹前相叠，结禅定印，上托钵。结跏趺坐。下承仰莲座。莲台下线刻有五重山，山顶花纹神似大树，以大树支撑莲台。

现状： 保存完好。

题记： 无。

绿度母
中-24

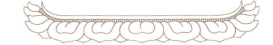

位置： 位于龙尊王佛殿后，与阿弥陀佛、第一世活佛、尊胜佛母、绿度母、弥勒菩萨像刻于同一块大石上，中-23阿弥陀佛像左侧。

形制： 平面竖长方形浅龛，方形龛楣。龛高0.84米，宽0.64米，上深0.07米，下深0.02米。

造像内容： 圆形头光，两侧刻有日月，头戴五佛冠，葫芦形发髻，双耳垂肩，面相饱满，饰璎珞珠宝，上着天衣，下着裙。左手结三宝印、拈花茎，花茎伸至左侧，向上伸出，至左肩处盛开莲花。右手结施愿印，向外置于右膝前，掌心向外，亦拈花茎，花茎沿右臂上伸，至右肩处盛开莲花。绿度母坐于莲花月轮上，双腿屈左展右，左腿半结跏，右腿向下舒展，踏于小朵莲花上。

现状： 保存完好。

题记： 无。

绿度母
中 -25

位置： 位于中 -22 尊胜佛母像下方。

形制： 平面竖长方形浅龛。龛高 0.73 米，宽 0.56 米，上深 0.05 米，下深 0.02 米。

造像内容： 圆形头光，头戴五佛冠，双耳垂肩，面相饱满，饰璎珞珠宝，上着天衣，下着裙。左手结三宝印，拈花茎，花茎伸至左侧，向上伸出，至左肩处盛开莲花。右手结施愿印，向外置于右膝前，掌心向外，亦拈花茎，花茎沿右臂上伸，至右肩处盛开莲花。绿度母坐于莲花月轮上，双腿屈左展右，左腿半结跏，右腿向下舒展，踏于小朵莲花上。

现状： 保存完好。

题记： 龛左侧有蒙文题记，宽 0.13 米，高 0.33 米，龛下方有蒙文题记，宽 0.56 米，高 0.35 米，汉译为"苏鲁克旗的雕刻匠乌力吉巴图"。

弥勒菩萨
中-26

位置：位于中-25绿度母像左侧。

形制：平面竖长方形浅龛。龛高 0.80 米，宽 0.52 米，上深 0.04 米，下深 0.03 米。

造像内容：圆形头光，头戴五佛冠，立于莲台之上。面容饱满，双耳垂肩。耳边宝缯向上呈 S 型翻卷。帔帛自双肩对称而下，至脚腕复又向上翻卷，柔曼轻婉。腰饰佩带。右手当胸结三宝印，左手下垂，双手各捻乌巴拉花茎，沿臂腕绕至肩头绽放，花朵上分别置有贲巴瓶、法轮。

现状：保存完好。

题记：无。

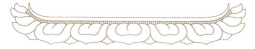

白度母
中 -27

位置： 位于中 -21 第二世活佛像左侧。

形制： 平面竖长方形圆拱塔形龛。龛高 1.16 米，宽 0.62 米，上深 0.01 米，下深 0.22 米。

造像内容： 圆形背光与头光，头戴五佛冠，花鬘发髻，面容饱满，除双目外，额头、双手、双足各有一只眼睛。斜披络腋，帔帛披肩绕臂，左手当胸结三宝印，手中拈花茎，花茎沿身体左侧向上，于肩膀处盛开鲜花，右手垂于膝前结与愿印。结跏趺坐于莲台上。

现状： 略有风化，保存基本完好。

题记： 无。

文殊菩萨
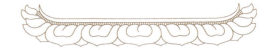
中 -28

位置： 位于中 -27 白度母像左侧。

形制： 平面竖长方形尖拱塔形龛。龛高 1.65 米，宽 1.04 米，上深 0.04 米，下深 0.11 米。

造像内容： 圆形背光与头光，两侧刻有日月，头戴五佛冠，面容宽圆，两目平视远方，戴大耳珰，搭于肩上。帔帛搭肩绕臂，下垂至莲台又向上翻卷。戴手镯、臂钏等，饰璎珞。帔帛绕右臂下垂，至莲座再向上呈 S 型翻卷。左手拈花茎，花茎沿左臂向上伸，至肩头盛开莲花，花心置般若经书，右手上举，紧握智慧剑。结跏趺坐于莲台之上。

现状： 保存完好。

题记： 无。

马头明王
中-29

位置： 位于中-28 文殊菩萨像左侧。

形制： 平面竖长方形圆拱浅龛。龛高 1.77 米，宽 1.33 米，上深 0.01 米，下深 0.12 米。

造像内容： 此马头明王像三头六臂，火焰纹背光。三头皆戴五骷髅冠，怒发直立，发髻中有三个小马头。三面皆怒目圆睁，獠牙外露，现大怖畏相。袒胸露腹，手、臂、踝皆戴蛇状钏环，项挂一串人骷髅头大璎珞，垂至腰间，腰系虎皮裙。六臂侧展，呈放射状，六手或持法器，或结手印。双足左伸右屈，呈弓步姿势，以莲花日轮为座，威立于大般若烈焰中。

现状： 保存完好。

题记： 无。

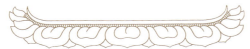

方形空龛
中 -30

位置： 位于中 -29 马头明王像左侧。

形制： 平面竖长方形浅龛。龛高 0.93 米，宽 0.75 米。

造像内容： 仅有龛线，无造像。

现状： 保存完好。

题记： 龛右侧有题记龛，宽 0.20 米，高 0.60 米，无题记。

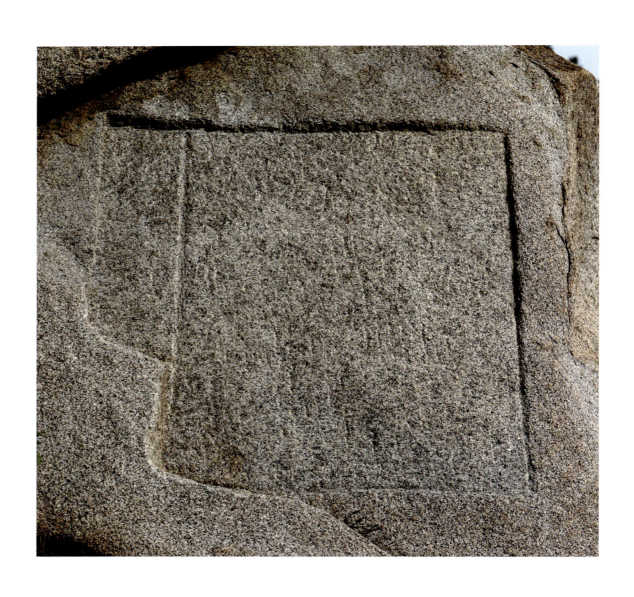

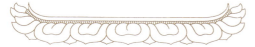

绿度母
中-31

位置： 位于中-32 绿度母右上方。

形制： 平面竖长方形尖拱浅龛。龛高 0.71 米，宽 0.60 米，上深 0.10 米，下深 0.10 米。

造像内容： 圆形头光，头戴五佛冠，面容饱满，饰璎珞珠宝，上着天衣，下着裙，帔帛披肩，沿身两侧垂至莲台后再向上翻卷。左手结三宝印，拈花茎，花茎伸至左侧，向上伸出，至左肩处盛开莲花。右手结与愿印，向外置于膝前，掌心向外，亦拈花茎，花茎沿右臂上伸，至右肩处盛开莲花。绿度母坐于莲花台上，双腿屈左展右，左腿半结跏，右腿向下舒展，踏于小朵莲花上。

现状： 保存完好。龛室下方有一小龛，龛高和宽均为 0.12 米，深 0.08 米。

题记： 龛顶有藏文题记，宽 0.96 米，高 0.23 米，为绿度母心咒。

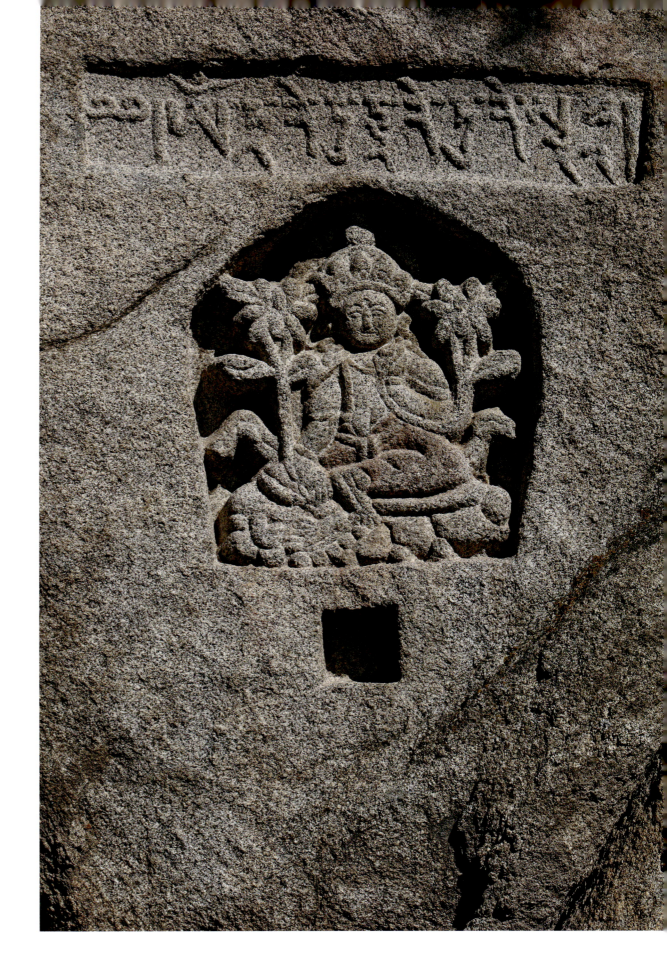

绿度母

中 -32

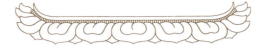

位置： 位于中 -33 明目观音右侧。

形制： 平面竖长方形圆拱塔形龛。龛高 0.64 米，宽 0.53 米，上深 0.03 米，下深 0.07 米。

造像内容： 头戴五佛冠，圆形头光，面容饱满，饰璎珞珠宝，上着天衣，下着裙。左手结三宝印，拈花茎，花茎伸至左侧，向上伸出，至左肩处盛开莲花。右手结施愿印，向外置于膝前，掌心向外，亦拈花茎，花茎沿右臂上伸，至右肩处盛开莲花。绿度母坐于莲花台上，双腿屈左展右，左腿半结跏，右腿向下舒展，踏于小朵莲花上。圆形背光。

现状： 保存完好。

题记： 无。

明目观音
中-33

位置： 位于中-34 六臂玛哈噶拉像右侧。

形制： 平面竖长方形浅龛，方形龛楣。龛高 1.29 米，宽 0.94 米，上深 0.06 米，下深 0.12 米。

造像内容： 椭圆形背光，圆形头光，两侧刻有日月。头戴五叶天冠，顶饰化佛，面容饱满，双目平视，沉静安详。帔帛搭于双肩，绕前双臂后翻卷下垂，至双脚处上扬。四臂，两臂置于胸前，手结涂香印，戴手镯、臂钏，另两臂展于身侧，并向上举，左手持宝镜，右手托贲巴瓶，立于覆莲座上。

现状： 保存完好。

题记： 无。

六臂玛哈噶拉

中-34

位置： 位于龙尊王佛殿后。

形制： 平面竖长方形浅龛，方形龛楣。龛高 1.70 米，宽 1.16 米，上深 0.08 米，下深 0.19 米。

造像内容： 火焰纹背光，形体硕大。头戴五骷髅冠，须发上扬，三目圆睁，颦眉忿恨，张口咬啮利牙。袒胸露腹，共六臂，胸前二臂，左手捧嘎巴拉碗，右持金刚钺刀；上左手持小鼓，上右手持嘎巴拉念珠；下左手拿金刚索，下右手执三叉戟。腰系虎皮裙，环绕有颗颗骷髅头。双腿右屈左展，威立于一头仰卧的白象身上，白象为财神，左手持髑髅碗，右手握萝卜。白象下为覆莲台。

现状： 保存完好。

题记： 龛室右下侧有蒙文题记，高 1.00 米，宽 0.20 米。汉译为"光绪二十二年（1896）扎兰莫荣阿、班达拉西、乌力吉·吉雅泰等修造"。

蓝衣金刚手
中-35

位置： 位于龙尊王佛殿北侧。

形制： 平面竖长方形圆拱塔形龛。龛高 0.93 米，宽 0.65 米，上深 0.01 米，下深 0.15 米。

造像内容： 蓝衣金刚手菩萨立于火焰纹背光中，头戴五骷髅冠，头发上冲，呈火焰状，面有三目，皆圆睁，呈忿怒相。戴手镯、臂钏、脚环。帔帛披肩绕臂，上袒露，左手当胸，结期克印；右手上举，紧握金刚杵，胸前饰有璎珞。下着虎皮裙，腰饰带。双足左伸右屈，威立于覆莲台上。

现状： 残存红色彩绘，保存完好。

题记： 无。

文殊菩萨
中-36

位置： 位于中-33明目观音下方。

形制： 平面竖长方形浅龛，方形龛楣。龛高0.85米，宽0.63米，上深0.03米，下深0.12米。

造像内容： 圆形头光，两侧刻有日月。头戴五佛冠，面容饱满，双目平视远方。帔帛披肩绕臂，下垂至莲台又向上翻卷。佩项圈、戴手镯、臂钏、璎珞等，左手持花茎，花茎沿左侧向上，至左肩盛开莲花，花心上放置般若经书，右手上举，紧握智慧剑。结跏趺坐于束腰仰覆莲台上。

现状： 保存完好。

题记： 无。

十一面八臂观音
中-37

位置： 位于中-34 六臂玛哈噶拉像下方。

形制： 平面竖长方形尖拱塔形龛。龛高 1.13 米，宽 0.80
米，上深 0.06 米，下深 0.13 米。

造像内容： 十一面八臂观音莲瓣形背光，双层头光。
共有十一面八臂。十一面分五层排列，下方三层，
每层三面，共九面，皆头戴五叶宝冠，其中前三面为
慈悲相，左三面为嗔怒相，右三面为白牙上出相；第
四层有一面，为忿怒明王像，头戴骷髅冠，怒目圆睁，
獠牙外露，发髻外突；第五层有一面，为佛说法相。
头部所占比例较大，层层堆叠，形似宝塔，共高 0.47
米。观音正面开脸明晰饱满，双耳垂肩，戴大耳环，
身着天衣，披挂璎珞，吊带绕肩，于裙摆边垂折飞动，
腰系束带，交结呈 8 字形，下着长裙，刻有精美花纹。
两臂胸前合十，施礼敬印，余六臂分散展开，呈放射状，
或持法器，或结手印，左上手持莲花，左中手印不明
晰，左下手持净瓶，右上手结说法印，右中手持法轮，
右下手结与愿印，观音两足并列站立于单层仰莲圆座，
身高 0.55 米。

现状： 保存基本完好。

题记： 无。

文殊菩萨
中-38

位置： 位于中-39宗喀巴像右侧。

形制： 平面竖长方形圆拱塔形龛。龛高1.64米，宽1.18米，上深0.16米，下深0.02米。

造像内容： 圆形背光与头光，头戴五佛冠，面容饱满，双目宁静。帔帛搭肩绕臂，下垂至莲台又向上呈S型翻卷。戴项圈、手镯、璎珞等，左手持花茎，花茎沿左肩向上，于肩头盛开莲花，花心放置般若经，右手上举，紧握智慧剑。结跏趺坐于莲台之上。

现状： 保存完好。

题记： 龛顶刻有藏文题记，宽0.92米，高0.20米，为文殊菩萨心咒。

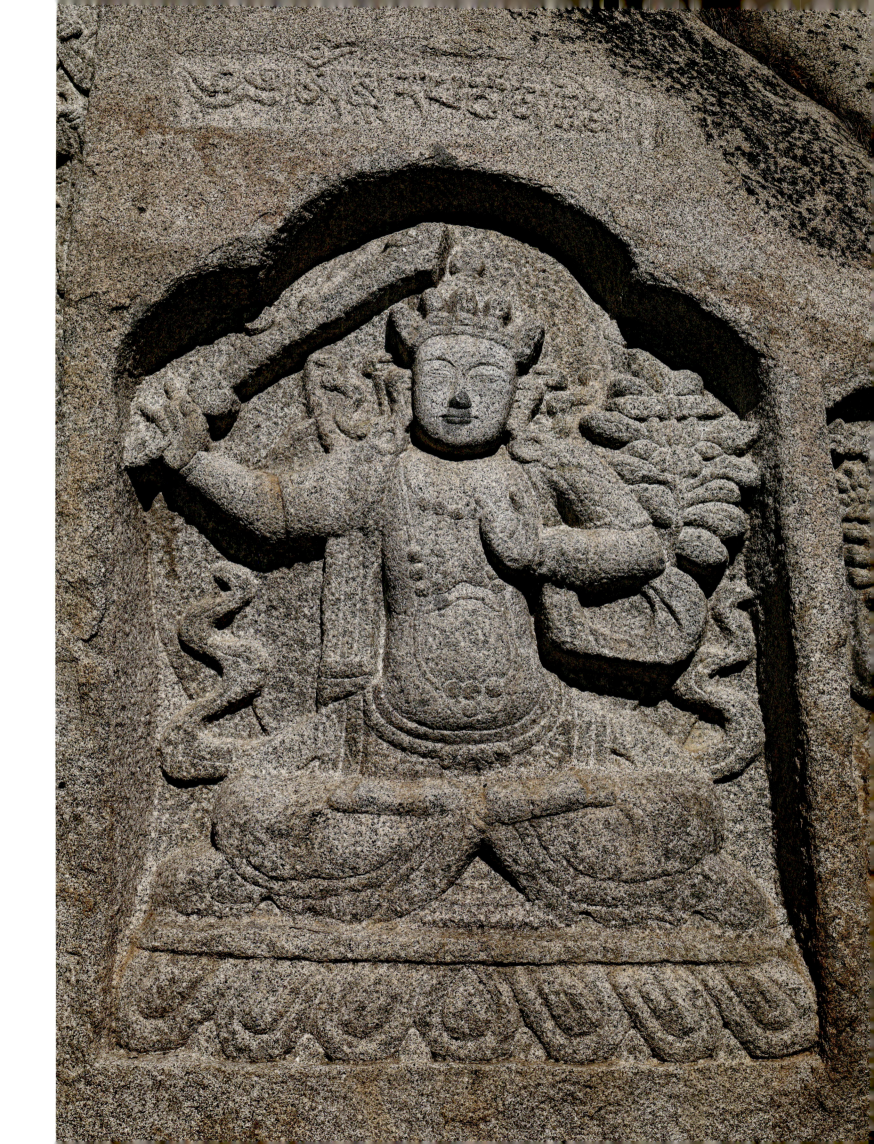

宗喀巴大师
中-39

位置： 位于龙尊王佛殿后。

形制： 平面竖长方形圆拱塔形龛。龛高 1.06 米，宽 0.83 米，上深 0.02 米，下深 0.20 米。

造像内容： 宗喀巴上师圆形背光与头光，两侧以祥云托日月。头戴班智达帽，双目有神，面相饱满，微笑中含有慈祥。身着袈裟。左手拈莲枝托钵，右手拈莲枝结说法印，莲茎沿两侧手臂向上，分别盛开于左右肩头，左肩花心供般若经，右肩花心供智慧剑，象征宗喀巴为文殊菩萨之化身，宗喀巴上师结跏趺坐于莲台上。

现状： 残存少部分红色彩绘，保存完好。

题记： 龛室下方有藏文题记，宽 0.94 米，高 0.45 米，约三分之二已风化剥落，有红色彩绘痕迹。残存藏文音译为"罗桑扎巴"，即宗喀巴上师。

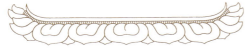

犀甲护法
中-40

位置： 位于龙尊王佛殿正后方，与二十余尊造像刻于紧紧相叠的四块巨石上，中-44白度母右上方。

形制： 平面横长方形圆拱浅龛。龛高1.23米，宽1.28米，上深0.01米，下深0.20米。

造像内容： 头戴五骷髅冠，怒发上扬，三目狰狞，威猛有力。身披犀甲，着战袍，左手执马鞭，牵长绳，托嘎巴拉碗，右手持镶摩尼宝的宝棍，乘骑于良马之背。

现状： 马左前腿有损毁。

题记： 龛室右侧有三行藏文题记，宽0.77米，高0.76米，为观音心咒、文殊心咒和金刚手菩萨心咒。

无量寿佛
中 -41

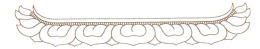

位置： 位于中 -39 红黄色文殊菩萨右侧。

形制： 平面竖长方形浅龛，龛楣方形。龛高 0.70 米，宽 0.58 米，上深 0.05 米，下深 0.01 米。

造像内容： 双层圆形背光，圆形头光，两侧以祥云托日月。头戴五佛冠，发髻高束，面容饱满，凝视远方，耳边宝缯向上呈 S 型翻卷。胸饰璎珞，帔帛搭于双臂，在肘部形成环状后再呈 S 型翻卷，双手结禅定印，托贲巴瓶，瓶中生出如意宝树。结跏趺坐于莲台之上。

现状： 保存完好。

题记： 无。

红黄色文殊菩萨
中-42

位置： 位于中-43绿度母右侧。

形制： 平面竖长方形浅龛，方形龛楣。龛高0.75米，宽0.59米，上深0.05米，下深0.01米。

造像内容： 双层圆形背光，圆形头光，两侧以祥云托日月。头戴五佛冠，面容饱满，双目宁静。帔帛搭肩绕臂，下垂至莲台又向上翻卷。戴项圈、手镯、璎珞等，左手当胸，持经书，右手上举，紧握智慧剑。结跏趺坐于莲台之上。

现状： 保存完好。

题记： 无

绿度母
中-43

位置： 位于中-40 犀甲护法右下方。

形制： 平面竖长方形浅龛，方形龛楣。龛高 0.71 米，宽 0.60 米，上深 0.05 米，下深 0.01 米。

造像内容： 圆形背光与头光，两侧以祥云托日月。头戴五佛冠，面容宽圆，饰璎珞珠宝，上着天衣，下着裙。左手结三宝印，拈花茎，花茎伸至左侧，向上伸出，至左肩处盛开莲花。右手结与愿印，向外置于膝前，掌心向外，亦拈花茎，花茎沿右臂上伸，至右肩处盛开莲花。绿度母坐于莲台上，双腿屈左展右，左腿半结跏，右腿向下舒展，踏于小朵莲花上。

现状： 保存完好。

题记： 无。

白度母
中-44

位置： 位于龙尊王佛龛正后方，与二十余尊造像刻于紧紧相叠的四块巨石上。

形制： 平面竖长方形圆拱塔形龛。龛高 0.68 米，宽 0.51 米，上深 0.04 米，下深 0.01 米。

造像内容： 双层圆形背光，圆形头光，两侧以祥云托日月。头戴五佛冠，花鬘发髻，面容熙怡，除双目外，额头、双手、双足各有一只眼睛。斜披络腋，帔帛覆双肩。左手当胸结三宝印，持花茎，花茎伸向肩膀左侧，盛开花朵，右手垂于膝前，结接引印。戴手镯、臂钏、脚环等，结跏趺坐于莲台上。

现状： 左臂有脱落，左龛左侧有裂缝。

题记： 无。

金刚手菩萨
中 -45

位置： 位于龙尊王佛殿正后方，与二十余尊造像刻于紧紧相叠的四块巨石上，中 -46 绿度母右侧。

形制： 平面竖长方形浅龛，拱形龛楣。龛高 1.49 米，宽 1.02 米，上深 0.10 米，下深 0.03 米。

造像内容： 圆形背光与头光，两侧以祥云托日月。头戴五叶天冠，花鬘发髻，面容饱满，除双目外。斜披络腋，帔帛覆双肩，绕肘一圈后下垂。左手当胸结三宝印，持花茎，花茎伸向肩膀左侧，盛开花朵，右手垂于膝前，施与愿印。戴手镯、臂钏、脚环等，结跏趺坐于莲台上。

现状： 龛室右侧有裂缝。

题记： 无。

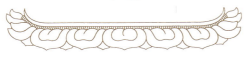

绿度母
中-46

位置： 位于龙尊王佛殿正后方，与二十余尊造像刻于紧紧相叠的四块巨石上，中-49绿度母右上方。

形制： 平面竖长方形圆拱塔形龛。龛高1.03米，宽0.64米，上深0.02米，下深0.05米。

造像内容： 圆形背光，双层圆形头光，两侧以祥托日月。头戴五佛冠，双耳垂肩，面容饱满。上身较长，饰璎珞珠宝，戴手镯、臂钏、脚环，上着天衣，下着裙。左手结三宝印，拈花茎，花茎伸至左侧，向上伸出，至左肩处盛开莲花。右手施愿印，向外置于膝前，掌心向外，亦拈花茎，花茎沿右臂上伸，至右肩处盛开莲花。绿度母坐于双层莲花台上，双腿屈左展右，左腿半结跏，右腿向下舒展，踏于小朵莲花上。

现状： 龛下侧毁坏。

题记： 左侧书写有"谟灵阿"三个汉字，高0.26米，宽0.11米。

白度母
中-47

位置： 位于龙尊王佛殿正后方，与二十余尊造像刻于紧紧相叠的四块巨石上，中-48绿度母右侧。

形制： 平面竖长方形圆拱浅龛。龛高0.95米，宽0.65米，上深0.10米，下深0.16米。

造像内容： 圆形背光与头光，两侧以祥云托日月。面容较为模糊。胸饰璎珞，帔帛搭肩，旋绕于手臂间，左手当胸结三宝印，拈花茎，花茎沿左侧肘部向上，至肩处盛开莲花。右手垂右膝前施与愿印。结跏趺坐于覆莲台上。

现状： 造像各个部位均有风化，面部风化较为严重。

题记： 无。

绿度母

中-48

位置： 位于龙尊王佛殿正后方，与二十余尊造像刻于紧紧相叠的四块巨石上，中-50绿度母右侧。

形制： 平面竖长方形圆拱塔形龛。龛高1.00米，宽0.68米，上深0.01米，下深0.13米。

造像内容： 圆形背光与头光，两侧以祥云托日月。双耳垂肩，面容饱满，饰璎珞珠宝，戴手镯、臂钏、脚环，上着天衣，下着裙。左手结三宝印，拈花茎，花茎伸至左侧，向上伸出，至左肩处盛开莲花。右手结施愿印，向外置于膝前。绿度母坐于双层莲花台上，双腿屈左展右，左腿半结跏，右腿向下舒展，踏于小朵莲花上。

现状： 保存完好。

题记： 无。

绿度母
中-49

位置： 位于龙尊王佛殿正后方，与二十余尊造像刻于紧紧相叠的四块巨石上，中-47白度母下方。

形制： 平面竖长方形浅龛，方形龛楣。龛高0.92米，宽0.67米，上深0.07米。

造像内容： 圆形背光与头光，两侧以祥云托日月。双耳垂肩，面容饱满，饰璎珞珠宝，戴手镯、臂钏、脚环，上着天衣，下着裙。左手结三宝印，拈花茎，花茎伸至左侧，向上伸出，至左肩处盛开莲花。右手结施愿印，向外置于膝前，掌心向外，亦拈花茎，花茎沿右臂上伸，至右肩处盛开莲花。绿度母坐于莲花台上，双腿屈左展右，左腿半结跏，右腿向下舒展，踏于小朵莲花上。

现状： 龛下侧毁坏。

题记： 无。

绿度母

中-50

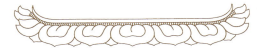

位置： 位于龙尊王佛殿正后方，与二十余尊造像刻于紧紧相叠的四块巨石上，中-51 吉祥天母像下方。

形制： 平面竖长方形浅龛。龛高 0.70 米，宽 0.60 米，上深 0.10 米，下深 0.10 米。

造像内容： 圆形背光，双层圆形头光，头戴五佛冠，双耳垂肩，面容饱满，饰璎珞珠宝，上着天衣，下着裙。左手结三宝印，拈花茎，花茎伸至左侧，向上伸出，至左肩处盛开莲花。右手结与愿印，向外置于膝前，掌心向外，亦拈花茎，花茎沿右臂上伸，至右肩处盛开莲花。绿度母坐于莲花台上，双腿屈左展右，左腿半结跏，右腿向下舒展，踏于小朵莲花上。

现状： 保存完好。

题记： 无。

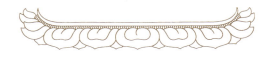

吉祥天母
中-51

位置： 位于龙尊王佛殿正后方，与二十余尊像刻于紧紧相叠的四块巨石上。

形制： 平面竖长方形尖拱塔形龛。龛高 1.63 米，宽 1.23 米，上深 0.13 米，下深 0.22 米。

造像内容： 火焰纹背光，顶置伞盖，头戴五骷髅冠，现忿怒相，头发竖立，三目，皆怒目圆睁，阔口，牙齿外露。项挂嘎巴拉念珠。上着人皮，下束虎皮裙，左手托嘎巴拉碗，右手持金刚杖，上饰金刚杵，脐间有日，腰悬令牌，跣足游戏坐于骡背上，其座下有一张人皮，女子的头倒挂于骡子左侧，长发下垂。吉祥天母赤脚踩骷髅头，骡子四蹄腾于血海之中，似腾空飞行。

现状： 保存完好。

题记： 无。

弥勒佛倚坐像
中-52

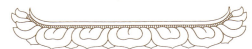

位置： 位于龙尊王佛殿西北侧，白度母像的正对面，刻于一块巨石上。

形制： 平面竖长方形圆拱塔形龛。龛高 1.32 米，宽 0.88 米，上深 0.35 米，下深 0.02 米。

造像内容： 圆形背光，双层圆形头光，头戴五花冠，高发髻，面容饱满，面相寂静，双耳垂肩，戴耳珰，缯带上卷。双手结说法印，手中各持一花茎，花茎伸至两肩外侧并开花，花心放置经卷、贲巴瓶。帔帛覆双肩，绕肘一圈后下垂，覆于身侧方几上。弥勒上着通肩式衲衣，下着长裙，端坐于方几之上，脚踏莲台。

现状： 保存完好。

题记： 无。

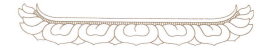

无量寿佛
中-53

位置： 位于龙尊王佛殿西北侧，金刚手菩萨右侧。

形制： 平面竖长方形圆拱塔形龛。龛高 3.20 米，宽 2.67 米，上深 0.07 米，下深 0.12 米。

造像内容： 圆形头光，头戴五佛冠，双耳垂肩，耳边宝缯向上翻卷。颈刻两道纹，胸前满饰宝珠璎珞，戴手镯、臂钏，帔帛搭肩，沿肘部形成环状向两侧呈 S 型翻卷，腰饰带。双手持禅定印，捧贲巴瓶，瓶中生出如意宝树，结跏趺坐于仰莲式台座上。腿部及莲座均为线刻样式。

现状： 造像局部残存红色彩绘。保存完好。

题记： 无。

金刚手菩萨
中-54

位置: 位于龙尊王佛龛西北侧, 绿度母右侧, 与无量寿佛刻于同一块大石的同一崖面上。

形制: 平面竖长方形圆拱浅龛。龛高 2.30 米, 宽 1.40 米, 上深 0.05 米, 下深 0.10 米。

造像内容: 金刚手菩萨立于火焰纹背光中, 头戴五骷髅冠, 怒发上冲, 呈火焰状, 面有三目, 皆圆睁, 獠牙, 呈忿怒相。佩有手镯、臂钏、脚环。颈饰璎珞, 左手当胸, 结忿怒拳印, 持金刚钩; 右手上举, 紧握金刚杵, 胸前饰璎珞。下着虎皮裙, 腰饰带。双足左伸右屈, 威立于线刻仰莲台上。

现状: 造像可见红色彩绘, 保存完好。

题记: 无。

绿度母
中-55

位置： 位于龙尊王佛殿西北侧，金刚手威猛三尊合一像右侧。

形制： 平面竖长方形圆拱塔形龛。龛高 3.60 米，宽 2.30 米，上深 0.05 米，下深 0.30 米。

造像内容： 头戴五佛冠，圆形头光，双耳垂肩，面容宽圆，饰各种璎珞珠宝，上着天衣，下着裙。左手结三宝印，拈花茎，花茎沿左侧，向上伸出，至左肩处盛开莲花。右手结施愿印，向外置于膝前，掌心向外，亦拈花茎，花茎沿右臂上伸，至右肩处盛开莲花。绿度母坐于双层莲花月轮上，双腿屈左展右，左腿半结跏，右腿向下舒展，踏于小朵莲花上。

现状： 保存完好。

题记： 龛下方刻有藏文题记，宽 1.36 米，宽 0.33 米，为绿度母心咒。

金刚手威猛三尊合一像
中-56

位置： 位于龙尊王佛殿西北侧，弥勒菩萨上方一块独立的大石上。大石宽1.60米，高2.30米，厚0.90米。

形制： 平面竖长方形圆拱浅龛。龛高1.52米，宽1.08米，上深0.04米，下深0.17米。

造像内容： 此龛造像为金刚手菩萨、马头金刚、大鹏金翅鸟鹏王三尊合一像。火焰纹背光，三尊像皆现忿怒相，三尊合一，更具威猛。主尊为金刚手菩萨，头戴五骷髅冠，竖发直立，三目圆睁，头顶一威武马头，代表马头金刚；其上一大鹏金翅鸟，略有风化，象征大鹏金翅鸟鹏王。主尊面部宽阔，宽鼻大耳，獠牙外露。体态宽大饱满，袒体露腹，胸饰璎珞，戴手镯、臂钏、脚环。左手当胸施期克印，右手持金刚杵，着虎皮裙。双足左展右屈，以莲花日轮为座，威立于般若烈焰前。两侧有方形空龛。

现状： 保存完好。

题记： 无。

白度母
中 -57

位置： 位于龙尊王佛殿西北侧中 -53 无量寿佛下方，与药师佛、文殊菩萨和明目观音刻于同一巨石上，巨石宽 2.40 米，高 2.10 米，厚 2.40 米。

形制： 平面竖长方形圆拱塔形龛。龛高 1.33 米，宽 0.97 米，上深 0.05 米，下深 0.05 米。

造像内容： 双层圆形背光，圆形头光，花鬘发髻，除双目外，额头、双手、双足各有一眼。云肩飘翻，斜披络腋，帔帛绕肘部形成环状，向两侧翻卷上扬，飘逸自如。左手当胸结三宝印，持花茎，花茎伸向肩膀左侧，盛开花朵，右手垂于膝前，结接引印。戴手镯、臂钏、脚环等，结跏趺坐于莲台上。

现状： 保存完好。

题记： 无。

药师佛
中-58

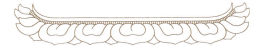

位置： 位于龙尊王佛殿西北侧，与白度母、文殊菩萨和明目观音刻于同一巨石上，白度母像的左侧。

形制： 平面竖长方形浅龛，拱形龛楣。龛高 0.68 米，宽 0.52 米，上深 0.03 米，下深 0.06 米。

造像内容： 双层圆形背光，圆形头光，两侧以祥云托日月，磨光高肉髻，面相方圆浑厚，双耳垂肩。体魄健壮，左手于腹前托钵，右手置于右膝上，持带叶的"如拉"（藏青果），身披袈裟，结跏趺坐于覆莲座上。

现状： 保存完好。

题记： 无。

文殊菩萨
中-59

位置： 位于龙尊王佛殿西北侧，与白度母、药师佛和明目观音刻于同一巨石上，中-58 药师佛像的左侧。

形制： 平面竖长方形浅龛，拱形龛楣。龛高 1.40 米，宽 1.16 米，上深 0.06 米，下深 0.09 米。

造像内容： 圆形背光，圆形头光，两侧以祥云托日月。面容饱满，两目平视远方，戴大耳珰，搭于肩上。帔帛搭肩绕臂，垂至莲台又向上翻卷。戴项圈、手镯、璎珞等，左手持莲花，盛开的莲朵上放置般若经，右手上举，紧握智慧剑。结跏趺坐于莲台上。

现状： 保存完好。

题记： 无。

明目观音
中-60

位置： 位于龙尊王佛殿西北侧，与白度母、药师佛和文殊菩萨刻于同一巨石上，文殊佛像的左侧。

形制： 平面竖长方形浅龛。龛高 0.54 米，宽 0.44 米，上深 0.03 米，下深 0.03 米。

造像内容： 圆形背光与头光，两侧以祥云托日月。头戴五叶天冠，顶饰化佛，面容饱满，双目平视，沉静安详。帔帛搭于双肩，绕前双臂后继续下垂，至双脚处上扬。四臂，两臂置于胸前，手结涂香印，戴手镯、臂钏，另两臂展于身侧，并向上举，左手持宝镜，右手托贲巴瓶。立于覆莲座上。

现状： 保存完好。

题记： 无。

弥勒菩萨
中-61

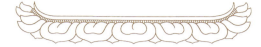

位置： 位于龙尊王佛殿西北侧第二层一块独立的大石上，大石宽 2.20 米，高 3.10 米，厚 2.80 米。

形制： 平面竖长方形圆拱塔形龛。龛高 1.65 米，宽 0.82 米，上深 0.08 米，下深 0.08 米。

造像内容： 圆形头光，头戴五佛冠，发髻高束，顶饰佛塔，面容饱满，双耳垂肩，坠大耳珰，搭于肩头。耳边宝缯向上呈 S 型翻卷。帔帛自双肩对称而下，至脚腕复又向上翻卷，柔曼轻婉。腰饰佩带。右手当胸结说法印，左手下垂，双手各捻乌巴拉花茎，花沿臂腕绕至肩头绽放，枝叶栩栩如生，左边花朵上置贲巴瓶，右边花朵上置法轮。呈立姿站于莲台之上。

现状： 保存完好。

题记： 无。

位置： 位于龙尊王佛殿西北侧，与无量寿佛像刻于第二层同一大石上，大石高 2.80 米，宽 3.90 米。

形制： 平面竖长方形尖拱浅龛。龛高 1.69 米，宽 1.33 米，上深 0.18 米，下深 0.13 米。

造像内容： 关公双层圆形头光，头光两侧以祥云托日月。骑于赤兔马上，头戴方巾，面容威严。胸前有五缕长髯，左手牵缰绳，右手握青龙偃月刀，左脚踩马镫。赤兔马向左回头返顾，右前腿前屈腾空，其他三腿立于方台之上。龛上刻有藏文，龛左右两侧刻有蒙古文对联，对联顶端饰有祥云，底部以双层莲花瓣为座，宽 1.20 米，高 0.28 米。关公身后刻有五列藏文，呈方形，为印章。

现状： 马左腿、马尾中段残缺，马其它三腿均为现代修补，其余保存完好。

题记： 龛上横为藏文，宽 0.42 米，高 0.17 米，汉译为"关老爷"。龛左右侧刻有蒙语对联，均宽 0.23 米，高 1.40 米，分别译为"福禄犹如恒河无量沙""吉祥宛同须弥如意宝"。龛内关公左侧刻有藏文印章，宽 0.41 米，高 0.41 米，汉译为"敕封班臣额尔德尼之印"。

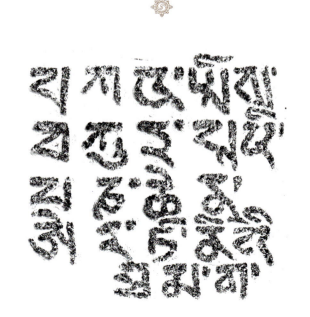

无量寿佛
中-63

位置： 位于龙尊王佛殿西北侧，与关公像刻于第二层同一大石上。

形制： 平面竖长方形浅龛，龛楣圆形。龛高 1.12 米，宽 0.90 米，上深 0.04 米，下深 0.04 米。

造像内容： 双层圆形背光，圆形头光，头戴五佛冠，发髻高束，面容饱满，凝视远方，耳边宝缯向上呈 S 型翻卷。胸饰璎珞，帔帛搭于双臂，在肘部形成环状后再呈 S 型翻卷，双手结禅定印托贵巴瓶，结跏趺坐于莲台之上。

现状： 保存完好。

题记： 无。

无量寿佛

中 -64

位置： 位于中 -65 释迦牟尼佛右侧。

形制： 平面竖长方形尖拱塔形浅龛。龛高 0.68 米，宽 0.43 米，上深 0.02 米，下深 0.07 米。

造像内容： 头戴五佛冠，面容轮廓饱满，双手结定印 并托贲巴瓶，结跏趺坐于莲台之上。

现状： 风化严重，面部和双腿仅存轮廓，全身装饰物 已模糊不清。

题记： 无

释迦牟尼佛（觉沃佛）
中-65

位置： 位于龙尊王佛殿西北侧，与无量寿佛、白度母、明目观音等造像刻于同一块巨石上，白度母的右侧。

形制： 平面竖长方形尖拱塔形龛。龛高 1.01 米，宽 0.67 米，上深 0.04 米，下深 0.10 米。

造像内容： 圆形背光与头光，两侧以祥云托日月。头戴五佛冠，葫芦型发髻。脸庞丰腴，宽平饱满，神态慈祥。偏袒右肩，左手托钵，右手覆于右膝上，结触地印。结跏趺坐于莲台。

现状： 基本保存完好。

题记： 无

白度母
中-66

位置： 位于龙尊王佛殿西北侧，与释迦牟尼佛、无量寿佛、明目观音等造像刻于同一块巨石上，无量寿佛的右侧。

形制： 平面竖长方形圆拱塔形龛。龛高 0.95 米，宽 0.68 米，上深 0.03 米，下深 0.12 米。

造像内容： 圆形背光与头光，两侧以祥云托日月。头戴五佛冠，面容庄严。胸饰璎珞，帔帛搭肩，旋绕于手臂间，左手当胸结三宝印，拈乌巴拉花茎，花茎沿左侧肘部向上，至肩处盛开莲花。右手垂右膝前施与愿印。结跏趺坐于莲台上。

现状： 除双目外，其余五眼稍有风化。

题记： 无。

无量寿佛
中-67

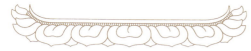

位置： 位于龙尊王佛殿西北侧，与释迦牟尼佛、白度母、明目观音等造像刻于同一块巨石上，中-68释迦牟尼佛的右侧。

形制： 平面竖长方形尖拱塔形浅龛。龛高1.13米，宽0.73米，上深0.07米，下深0.17米。

造像内容： 圆形背光，双层圆形头光。头戴五佛冠，发髻高束，面容因风化已模糊，耳边宝缯向上呈S型翻卷。胸饰璎珞，帔帛搭于手臂，在肘部形成环状后再呈S型翻卷。双手结禅定印，托贲巴瓶，瓶中生出如意宝树，结跏趺坐于莲台之上。

现状： 除面部有风化外，基本保存完好，龛壁内侧及下侧残存红色彩绘。

题记： 无。

释迦牟尼佛（觉沃佛）
中-68

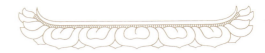

位置： 位于龙尊王佛殿西北侧，与无量寿佛、白度母、明目观音等造像刻于同一块巨石上。

形制： 平面竖长方形尖拱塔形龛。龛高 0.95 米，宽 0.72 米，上深 0.06 米，下深 0.05 米。

造像内容： 双层圆形背光与头光，两侧以祥云托日月。头戴五佛冠，发髻高束，脸庞丰腴，宽平饱满，神态慈祥。身披袈裟，偏袒右肩，左手托钵，右手覆于右膝上，结触地印。结跏趺坐于覆莲台。

现状： 除鼻子、钵残缺外，其余基本保存完好。

题记： 无。

无量寿佛
中 -69

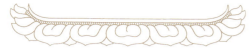

位置： 位于中 -67 右下侧，中 -68 右侧。

形制： 平面竖长方形浅龛。龛高 0.64 米，宽 0.41 米，上深 0.08 米，下深 0.08 米。

造像内容： 圆形背光与头光。头戴五佛冠，发髻高束，面容残损，耳边宝缯向上呈 S 型翻卷。胸饰璎珞，帔帛搭于手臂，双手结禅定印，手托贲巴瓶，结跏趺坐于莲台之上。

现状： 面部残损，左前臂残损，有风化。

题记： 无

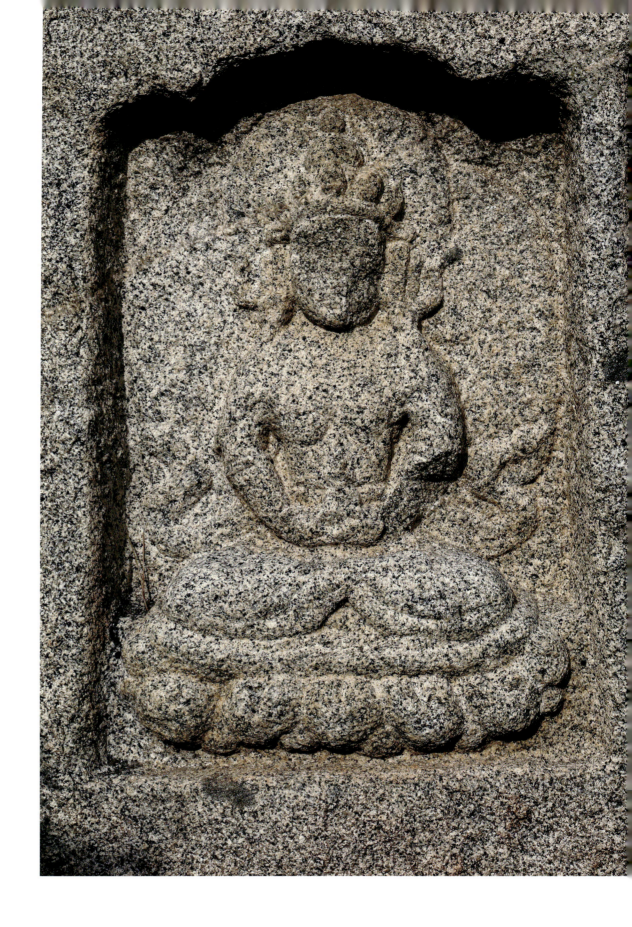

明目观音
中-70

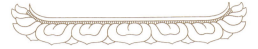

位置： 位于中-69无量寿佛左下侧。

形制： 平面竖长方形浅龛，龛楣方形。龛高0.57米，宽0.42米，上深0.06米，下深0.07米。

造像内容： 莲瓣形背光，圆形头光，两侧以祥云托日月。头戴五叶天冠，顶饰化佛，面容模糊不清，双手当胸付涂香印，另两臂展于身侧，左手持宝镜，右手托贲巴瓶。立于莲台上。

现状： 面部、衣着、饰物已风化。双腿和双足残缺，仅留痕迹。

题记： 无。

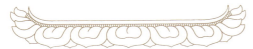

白度母
中 -71

位置: 位于龙尊王佛殿西北侧,刻于金刚手菩萨右侧路边一块独立的立石之上。

形制: 平面竖长方形圆拱塔形龛。龛高 1.75 米,宽 1.30 米,上深 0.15 米,下深 0.04 米。

造像内容: 圆形头光。头戴五佛冠,花鬘发髻,面容熙怡。除双目外,额头、双手、双足各有一只眼睛。上身较长,云肩飘繙,斜披络腋,身体两侧各饰一株盛开鲜花。胸前结带,戴手镯、臂钏等,左手当胸结三宝印,右手垂于膝前结与愿印。结跏趺坐于莲台上。

现状: 龛右侧已毁。佛像保存基本完整,鼻子稍有风化。背光、双腿处残存红色彩绘。

题记: 龛右侧一块巨石上刻有藏文种子字,汉译为"嗡"。

金刚手菩萨
中 -72

位置： 位于龙尊王佛殿西北侧，刻于路边一块独立的立石之上。

形制： 平面竖长方形圆拱浅龛。龛高 1.31 米，宽 0.92 米，上深 0.06 米，下深 0.20 米。

造像内容： 金刚手菩萨立于熊熊火焰般的背光之中，头戴五骷髅冠，头发上冲，呈火焰状，面有三目，皆圆睁，獠牙、露齿，呈忿怒相。颈饰璎珞，左手当胸，结忿怒拳印，持金刚钩；右手上举，紧握金刚杵，胸前饰有璎珞。下着虎皮裙，饰腰带。双足右屈左伸，立于莲花座上。

现状： 保存较完好。

题记： 龛左侧有藏文题记，为金刚手菩萨心咒。

释迦牟尼佛

中-73

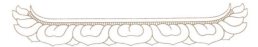

位置： 位于龙尊王佛殿西北侧，刻于路边一块独立的立石之上。

形制： 平面竖长方形尖拱塔形龛。龛高 1.20 米，宽 0.80 米，上深 0.13 米，下深 0.14 米。

造像内容： 释迦牟尼佛圆形背光，双层圆形头光。佛螺髻发，面部风化严重，模糊不清，仅存轮廓，右耳垂肩。双手、双足已风化，左手放置腹前，施禅定印，右手垂于右膝前，结降魔触地印。结跏趺坐于莲台上。

现状： 佛龛右侧已损毁，佛像面部、双手、双足已严重风化。

题记： 无。

度母三尊

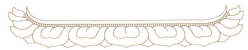

中 -74

位置： 位于龙尊王佛殿西北侧，与文殊菩萨和释迦牟尼佛刻于同一块大石上，大石高 4.80 米。

形制： 平面竖长方形圆拱塔形龛。龛高 2.00 米，宽 1.65 米，上深 0.20 米，下深 0.15 米。

造像内容： 龛内刻有三尊造像，为度母三尊。上方为绿度母，下右为黑独髻母，下左为摩利支天。绿度母又被译为"救度佛母"或"度母"，乃所有"度母"化身之主尊，总摄所有"度母"之功德，因身绿色，所以常被称为"绿度母"。绿度母高 1.35 米，宽 1.20 米，双层圆形背光与头光，头戴五佛冠，面容饱满，并残存有绿色，双耳戴大耳珰，耳边宝缯向上翻卷。饰璎珞珠宝，上着天衣，下着裙。帔帛搭于手臂，在肘部形成环状后，于身体两侧再呈 S 型翻卷。左手结三宝印，拈花茎，花茎伸至左侧，向上伸出，至左肩处盛开莲花。右手结施愿印，向外置于膝前，掌心向外，亦拈花茎，花茎沿右臂上伸，至右肩处盛开莲花。绿度母坐于仰莲台上，双腿屈左展右，左腿半结跏，右腿向下舒展，踏于小朵莲花上。

黑独髻母，高 0.83 米，宽 0.70 米，双层圆形背光与头光，头戴五叶天冠，面庞丰圆，面容庄严，双耳戴大耳珰，耳边宝缯向上翻卷。戴手镯、臂钏、脚环，帔帛搭于手臂，在肘部形成环状后，于身体两侧再呈 S 型翻卷。左手置于左膝上，结施胜印；右手于胸前持如意宝树，坐于仰莲座上。双腿屈右展左，右腿单坐，左腿向下稍微舒展。

摩利支天菩萨，高 0.84 米，宽 0.75 米，梵语为 Marici，又译作摩利支菩萨、摩利支天、具光佛母、光明佛母等。双层圆形背光与头光，头戴五叶花鬘天冠，三目圆睁，阔鼻大耳，嘴微张开，双耳戴大耳珰，耳边宝缯向上翻卷。披天衣，戴手镯、脚环，帔帛搭于手臂，在肘部形成环状后，于身体两侧再呈 S 型翻卷。双手置胸前，左手持颅器，右手持钺刀。坐于仰莲座上。双腿屈左展右，左腿半结跏，右腿向下稍微舒展。

现状： 黑独髻母右足残毁，摩利支天左足残毁，其余保存基本完好。

题记： 无。

文殊菩萨
中 -75

位置： 位于龙尊王佛殿西北侧，与度母三尊和释迦牟尼佛刻于同一块大石上。

形制： 平面竖长方形浅龛，拱形龛楣。龛高 1.45 米，宽 1.05 米，上深 0.10 米，下深 0.01 米。

造像内容： 双层圆形背光，圆形头光，两侧以祥云托日月。头戴五佛冠，微向左倾，面容庄严。帔帛搭肩绕臂，下垂至莲台又向上呈 S 型翻卷。戴项圈、手镯等，饰璎珞，左手于胸前结印，持花茎，花茎沿左肩向上，于肩头盛开莲花，花心放置般若经，右手上举，紧握智慧剑。结跏趺坐于覆莲台上。

现状： 造像略有风化，龛室左右两侧有柱洞。

题记： 无。

释迦牟尼佛
中 -76

位置：位于龙尊王佛殿西北侧，与度母三尊和文殊菩萨佛刻于同一块大石上。

形制：平面竖长方形圆拱塔形龛。龛高 3.00 米，宽 2.25 米，上深 0.10 米，下深 0.01 米。

造像内容：释迦牟尼佛圆形头光，螺髻发，面容圆阔而饱满，安详宁静，方耳垂肩。身着袈裟，衣褶层次分明。左手放置膝前，施禅定印，托钵，右手垂于右膝前，结触地印。结跏趺坐于线刻的莲台上。

现状：保存完好。

题记：无。

长寿三尊

中 -77

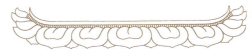

位置： 位于龙尊王佛殿北侧，刻于半山腰的大石上，大石宽 2.90 米，高 3.20 米，厚 3.10 米。

形制： 平面竖长方形圆拱塔形龛。龛高 1.29 米，宽 1.08 米，深 0.08 米。

造像内容： 龛内中央主尊为无量寿佛，右下侧尊胜佛母，左下侧白度母。

中央主尊无量寿佛高 0.60 米，宽 0.60 米。面形丰圆，宽额丰颐，头戴五佛冠，发髻高束，耳边宝缯向上呈 S 型翻卷，双耳坠大耳珰。斜披络腋，胸前满饰宝珠璎珞，帔帛搭于手臂，在肘部形成环状后再呈 S 型翻卷。双手结禅定印，捧长寿甘露宝瓶，结跏趺坐于仰莲式台座上。莲台下有三莲枝支撑，树枝上残存绿色涂痕。

右下侧尊胜佛母高 0.70 米，宽 0.52 米。为三面八臂造型，每面原应有三眼，额头之眼已模糊。中间面形圆阔沉静，左面呈忿怒相，右面怡容愉悦。左第一手结忿怒拳印并持有罥索，左第二手施无畏印，左第三手持弓，左第四手持定印并托甘露宝瓶；右第一手持十字金刚杵，右第二手托莲座，莲座上之阿弥陀佛已模糊不清，仅留造像轮廓，右第三只手握箭，右第四只手施与愿印，垂于右膝前。结跏趺坐于莲台上。

左下侧白度母高 0.70 米，宽 0.52 米。形象优美，面容安详，面部有三只眼睛，双手和双足又各有一目，共七眼，因而白度母又被称为七眼佛母。其额头上的眼睛可观十方无量之佛土，其余六只眼睛以观无量众生，赐予众生智慧和长寿。头顶发髻，呈花状，双耳坠耳环。斜披络腋，身着绸裙，全身宝珠璎珞，绕颈、胸、脐各有一串，戴手镯、臂圈、脚钏等。左手当胸结三宝印，右手垂于膝前结与愿印。结跏趺坐于莲台上。

现状： 基本完整。

题记： 无。

四臂观音

中 -78

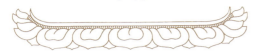

位置： 位于大雄宝殿西侧，刻于一块高 2.27 米，周长 5.60 米的大石上。

形制： 平面竖长方形圆拱塔形龛。龛高 1.59 米，宽 1.17 米，上深 0.06 米，中深 0.20 米，下深 0.01 米。

造像内容： 双层圆形背光与头光。一头四臂，头戴五叶天冠，面相浑圆，长眉细目，现男相，戴珍宝耳环。以阿弥陀佛为顶严，阿弥陀佛面相饱满，长眉细目，双耳垂肩。四臂观音耳边宝缯向上呈 S 型翻卷。袒上身，下着裙，身着天衣，大肚，系腰带。肩搭帔帛，帛带绕臂呈环形，从身后飘然而下，至莲座处再向上翻卷。主臂双手于胸前合掌，持如意宝珠；另外两手，左手上举拈花，右手上举，持念珠。结跏趺坐于束腰仰覆莲座上，莲座下有一薄垫。

现状： 下巴、右臂有损毁，其余保存完好。

题记： 无。

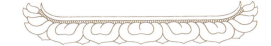

绿度母
中-79

位置： 位于大雄宝殿西侧，与另两尊药师佛刻于同一块大石上，大石宽 3.40 米，高 2.33 米，厚 2.00 米。

形制： 平面竖长方形圆拱塔形龛。龛高 0.61 米，宽 0.42 米，上深 0.08 米，中深 0.03 米，下深 0.01 米。

造像内容： 圆形背光与头光，两侧以祥云托日月。头戴五佛冠，面容稍残，双耳垂肩，戴大耳珰。面部和身体呈绿色，其余地方颜色脱落。饰璎珞珠宝，上着天衣，下着裙。左手结三宝印，拈花茎，花茎伸至左侧，向上伸出，至左肩处盛开莲花。右手结施愿印，向外置于膝前，掌心向外，亦拈花茎，花茎沿右臂上伸，至右肩处盛开莲花。绿度母坐于台上，双腿屈左展右，左腿半结跏，右腿向下舒展，踏于小朵莲花上，小朵莲花已风化不存。

现状： 面部、莲花座风化严重，右脚所踏小莲花已风化不存。

题记： 无。

药师佛
中-80

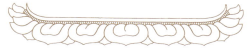

位置： 位于大雄宝殿西侧，与另一尊药师佛和绿度母刻于同一块大石上，大石宽 3.40 米，高 2.33 米，厚 2.00 米。

形制： 平面竖长方形圆拱塔形龛。龛高 0.97 米，宽 0.69 米，上深 0.05 米，中深 0.06 米，下深 0.01 米。

造像内容： 双层圆形背光与头光，两侧以祥云托日月。磨光式髻发，面容饱满，双耳垂肩，头后有圆形背光。身着袈裟。左手于腹前施禅定印，右手垂于膝前，结施愿印，结跏趺坐于线刻的仰莲台上。

现状： 面部鼻子以下部位稍有风化，佩戴饰物已风化，右手有风化。

题记： 无。

药师佛
中 -81

位置： 位于大雄宝殿西侧，与另一尊药师佛和绿度母刻于同一块大石上，大石宽 3.40 米，高 2.33 米，厚 2.00 米。

形制： 平面竖长方形尖拱塔形龛。龛高 1.42 米，宽 0.96 米，上深 0.09 米，下深 0.01 米。

造像内容： 双层圆形背光，圆形头光，两侧刻有日月。磨光高肉髻，面相方圆浑厚，细眉、细目，双耳垂肩。身形较长，左手于腹前托钵，右手放于右膝上，结与愿印持带叶的"如拉"（藏青果）。身批袈裟，结跏趺坐于线刻的仰莲座上。

现状： 面部稍有风化，其余基本完好。

题记： 无。

释迦牟尼佛
中-82

位置：位于大雄宝殿西侧，与无量寿佛刻于一块高1.70米，宽3.40米，厚1.80米的大石上。

形制：平面竖长方形浅龛，方形龛楣。龛高0.63米，宽0.30米，上深0.02米，下深0.08米。

造像内容：圆形背光与头光，两侧以祥云托日月。面容圆阔，安详宁静，双耳垂肩，身着袈裟。左手于腹前施禅定印，托钵，右手垂于右膝前，结触地印。结跏趺坐于线刻的莲台上。

现状：造像有部分风化。

题记：无。

无量寿佛

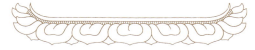

位置： 位于大雄宝殿西侧，与释迦牟尼佛同刻于一块高 1.70 米，宽 3.40 米，厚 1.80 米的大石上。

形制： 平面竖长方形尖拱塔形龛。龛高 0.98 米，宽 0.72 米，上深 0.03 米，下深 0.06 米。

造像内容： 圆形背光与头光，两侧以祥云托日月。头戴五佛冠，双耳垂肩，戴大耳珰，耳边宝缯向上翻卷。戴手镯、臂钏，帔帛搭肩，沿肘部形成环状，后再向两侧翻卷。双手持禅定印，捧长寿甘露贲巴瓶，瓶中有如意宝树，结跏趺坐于仰莲式台座上。

现状： 保存完好，造像局部残存有红色彩绘痕迹。

题记： 无。

绿度母
中 -84

位置： 位于大雄宝殿西侧，刻于一块高 3.30 米，宽 3.10 米的大石上。

形制： 平面竖长方形浅龛，拱形龛楣。龛高 1.75 米，宽 1.22 米，上深 0.17 米，下深 0.10 米。

造像内容： 圆形头光，两侧以祥云托日月。头戴五佛冠，面容熙怡，耳边宝缯上扬翻卷。戴手镯、臂钏、脚环，饰璎珞珠宝，上着天衣，下着裙，帔帛搭于手臂，在肘部形成环状后再呈 S 型翻卷。左手结三宝印，拈花茎，花茎伸至左侧，向上伸出，至左肩处盛开莲花。右手结施愿印，向外置于膝前，掌心向外，亦拈花茎，花茎沿右臂上伸，至右肩处盛开莲花。绿度母坐于大瓣仰莲台上，双腿屈左展右，左腿半结跏，右腿向下舒展，踏于小朵莲花上。

现状： 保存完好。

题记： 左侧题记宽 0.20 米，高 1.56 米，右侧题记宽 0.13 米，高 1.30 米。为蒙文题记，阴刻。部分题记风化，可识读部分汉译为"光绪二十年□□敬造"。

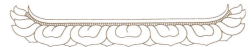

明目观音
中 -85

位置： 位于大雄宝殿西侧，刻于一块高 2.70 米的大石上。

形制： 平面竖长方形圆拱塔形龛。龛高 1.44 米，宽 1.10 米，随崖面形状而雕刻，龛深 0.23 米。

造像内容： 莲瓣形背光，圆形头光，两侧以祥云托日月。头戴五叶天冠，顶饰化佛，面容饱满。帔帛搭于双肩，绕前双臂后继续下垂，至双脚处上扬。四臂，两臂置于胸前，手结涂香印，戴手镯、臂钏，另两臂展于身侧，并向上举，左手持宝镜，右手托贲巴瓶。立于覆莲座上。

现状： 保存完好。

题记： 无。

文殊菩萨

中-86

位置： 位于大雄宝殿西侧，与绿度母刻于宽 4.90 米，高 4.30 米，厚 2.50 米的大石上。

形制： 平面竖长方形圆拱塔形龛。龛高 0.70 米，宽 0.57 米，上深 0.02 米，下深 0.04 米。

造像内容： 圆形背光与头光，两侧以祥云托日月。头戴五佛冠，面容模糊。帔帛搭肩绕臂，下垂至莲台又向上呈 S 型翻卷。戴项圈、手镯、璎珞等，左手持花茎，花茎沿左肩向上，于肩头盛开莲花，花心放置般若经，右手上举，紧握智慧剑。结跏趺坐于莲台之上。

现状： 左臂损毁，右手与箭柄损毁，面部及上身风化严重。

题记： 龛左侧有一梵文"嗡"字，宽 0.21 米，高 0.24 米。

绿度母

中 -87

位置： 位于大雄宝殿西侧，与文殊菩萨刻于宽 4.90 米，高 4.30 米，厚 2.50 米的大石上。

形制： 平面竖长方形圆拱塔形龛。龛高 2.43 米，宽 1.67 米，上深 0.05 米，下深 0.12 米。

造像内容： 双层圆形背光，圆形头光，两侧以祥云托日月。头戴五佛冠，面容熙怡，耳边宝缯上扬翻卷。戴手镯、臂钏、脚环，饰璎珞珠宝，上着天衣，下着裙，帔帛搭于手臂，在肘部形成环状后再呈 S 型翻卷。左手结三宝印，拈花茎，花茎伸至左侧，向上伸出，至左肩处盛开莲花。右手结施愿印，向外置于膝前，掌心向外，亦拈花茎，花茎沿右臂上伸，至右肩处盛开莲花。绿度母坐于大瓣仰莲台上，双腿屈左展右，左腿半结跏，右腿向下舒展，踏于小朵莲花上。

现状： 保存完好，五佛冠上仍残留有彩绘红色痕迹。

题记： 无。

苏日塔拉迪彦奇
中-88

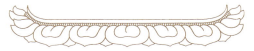

位置： 位于大雄宝殿西侧，刻于一块高 1.90 米，宽 2.10 米，厚 1.70 米的大石上。

形制： 平面竖长方形圆拱塔形龛。龛高 0.80 米，宽 0.57 米，上深 0.15 米，下深 0.01 米。

造像内容： 苏日塔拉迪彦奇头戴尖顶班智达帽，双目淡定而有智慧，蓄长胡，着三法衣，右手结定印，托经书，左手结说法印。身体两侧各饰一株莲花。结跏趺坐于双层禅垫上。

现状： 保存完好。

题记： 无。

米拉日巴

中 -89

位置： 位于大雄宝殿西侧，位于第九十龛左侧，刻于一块高 6.30 米，宽 4.30 米的大石上。

形制： 平面竖长方形浅龛，方形龛楣。龛高 1.80 米，宽 1.42 米，上深 0.27 米，下深 0.08 米。

造像内容： 米拉日巴头发后梳，长发垂于脑后，髻薄、鼻高、目朗、眉清、宽额丰颐，弯眉圆目。身躯欹侧，身着单衣，袒右肩，外露右臂前胸，着圣带，斜披络腋，下襟贴身。右腿盘曲，右手上举置于耳后，表示正以唱道歌的方式向弟子传授道法；左手托嘎巴拉碗。左腿曲，右腿横盘，呈如意姿坐于台座之上。

现状： 全身皮肤原为绿色，可看到造像残存的绿色印记。圣带和龛室内侧仍存有鲜红印记。保存完好。

题记： 无。

无量寿佛
中-90

位置： 位于大雄宝殿西侧，与阿底峡尊者五尊像、白度母、绿度母、明目观音等造像刻于一块高6.30米，宽5.70米的大石上。

形制： 平面竖长方形尖拱浅龛。龛高0.77米，宽0.47米，上深0.05米，下深0.06米。

造像内容： 圆形背光，双层圆形头光，两侧以祥云托日月。头戴五佛冠，发髻高束，面容饱满，戴大耳珰，耳边宝缯向上翻卷。胸饰璎珞，帔帛搭于手臂，在肘部形成环状后再呈S型翻卷。双手结禅定印，手托长寿宝瓶，瓶中生出如意宝树。结跏趺坐于莲台之上。

现状： 面部有少许风化，保存基本完好。右下方有一平面竖长方形圆拱浅龛，龛高0.34米，宽0.26米，上深0.02米，下深0.09米。

题记： 无。

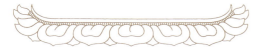

明目观音
中-91

位置： 位于大雄宝殿西侧，与阿底峡尊者五尊像、白度母、绿度母、明目观音、无量寿佛等造像刻于一块高 6.30 米，宽 5.70 米的大石上，中 -92 白度母下方。

形制： 平面竖长方浅龛，拱形龛楣。龛高 1.32 米，宽 0.79 米，上深 0.14 米，下深 0.10 米。

造像内容： 双层圆形背光与头光，两侧以祥云托日月。头戴五叶天冠，顶饰化佛，面容饱满，双目平视，沉静安详。帔帛搭于双肩，绕前双臂后继续下垂，至双脚处上扬。四臂，两臂置于胸前，手结涂香印，戴手镯、臂钏，另两臂展于身侧，并向上举，左手持宝镜，右手托贲巴瓶。立于覆莲座上。

现状： 龛左上角断损，其余保存完好。

题记： 无。

白度母
中 -92

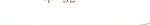

位置： 位于大雄宝殿西侧，与阿底峡尊者五尊像、绿度母、明目观音、无量寿佛等造像刻于一块高 6.30 米，宽 5.70 米的大石上，中 -93 绿度母左上方。

形制： 平面竖长方形圆拱塔形龛。龛高 1.05 米，宽 0.73 米，上深 0.07 米，下深 0.05 米。

造像内容： 圆形头光，两侧以祥云托日月。头戴五佛冠、花鬘发髻，面容饱满。除双目外，额头、双手、双足各有一眼。斜披络腋，胸前结带，戴手镯、臂钏、脚环等，左手当胸结三宝印，右手垂于膝前结与愿印，身体两侧各盛开一株莲花。结跏趺坐于大瓣覆莲台上。

现状： 保存完好。

题记： 无。

绿度母
中-93

位置：位于大雄宝殿西侧，与阿底峡尊者五尊像、白度母、明目观音、无量寿佛等造像刻于一块高 6.30 米，宽 5.70 米的大石上，阿底峡尊者五尊像之左下侧。

形制：平面竖长方形浅龛，方形龛楣。龛高 0.56 米，宽 0.40 米，上深 0.05 米，下深 0.03 米。

造像内容：圆形背光与头光，两侧以祥云托日月。戴五佛冠，面容模糊。上着天衣，下着裙，帔帛缠绕手臂。左手结三宝印，拈花茎，花茎伸至左侧，向上伸出，至左肩处盛开莲花。右手施与愿印，向外置于膝前，掌心向外，亦拈花茎，花茎沿右臂上伸，至右肩处盛开莲花。绿度母坐于莲花台上，双腿屈左展右，左腿半结跏，右腿向下舒展，踏于小朵莲花上。

现状：风化严重。

题记：无。

阿底峡尊者五尊像
中-94

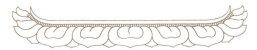

位置： 位于大雄宝殿西侧，与绿度母像、白度母、明目观音、无量寿佛等造像刻于一块高 6.30 米，宽 5.70 米的大石上，位于绿度母左侧。

形制： 平面竖长方形浅龛，方形龛楣。龛高 1.64 米，宽 1.41 米，上深 0.15 米，下深 0.17 米。

造像内容： 龛内石刻五尊像，中央主尊为阿底峡尊者，右上侧为释迦牟尼佛，左上侧为四臂观音，右下侧为白度母，左下侧为不动明王。

中央主尊阿底峡尊者宽 0.68 米，高 1.64 米。莲瓣形背光，圆形头光。顶悬华盖，华盖饰璎珞，两侧以祥云托日月。头戴尖顶班智达帽。身着僧衣，双手当胸结说法印，身体左侧有滤水囊，右侧置佛塔，宽 0.13 米，高 0.24 米，结跏趺坐于仰莲座上。莲台下有摩尼宝珠花瓣支撑，宽 0.47 米，高 0.50 米。

右上为释迦牟尼佛，宽 0.48 米，高 1.02 米。双层圆形背光，圆形头光。佛螺髻发，面容为现代水泥修补，沉静安详，双耳垂肩，着袈裟。左手放置腹前，施禅定印，托钵，右手垂于右膝前，结触地印。圆形背光。结跏趺坐于仰莲台上，莲台下有一带茎莲花。

左上为四臂观音，宽 0.44 米，高 1.00 米。圆形背光及头光。一头四臂，头戴五叶天冠，面相饱满，面相慈悲，寂静安详，以阿弥陀佛为顶严，戴大耳环，佩项饰、胸饰，戴手镯、脚钏等。袒上身，下着裙，肩搭帔帛，帛带绕臂飘然而下，至莲座处再向上翻卷。主臂双手于胸前合掌，另外两手，左手拈花，右手持念珠。结跏趺坐于仰莲座上，莲台下有一带茎莲花。

右下为白度母，宽 0.47 米，高 0.69 米。圆形背光与头光，头戴五佛冠，花鬘发髻，面容模糊，七只眼睛均已难以辨识。耳戴大耳珰，耳边宝缯向上翻卷。帔帛覆双肩，绕肘一圈后飘飞左右。左手当胸结三宝印，持花茎，花茎伸向肩膀左侧，盛开花朵，右手垂于膝前，结接引印。饰璎珞，戴手镯、臂钏、脚环等，结跏趺坐于仰莲台上。

左下为不动明王，宽 0.48 米，高 0.66 米。火焰纹背光，像有一面二臂三目，怒发上扬，头冠和面部已损毁，仅留轮廓。身形粗壮，大腹，项戴璎珞，帔帛飘飞，下着虎皮裙，左手竖立食指结期克印，手指绕有金刚索，右手举般若剑，脚踏象头神，半跪于仰莲台之上。

现状： 白度母和不动明王面部残损，白度母左手臂损毁。

题记： 无。

绿度母
中-95

位置： 位于大雄宝殿西侧，与阿底峡尊者五尊像、白度母、明目观音、无量寿佛等造像刻于一块高 6.30 米，宽 5.70 米的大石上。

形制： 平面竖长方形浅龛。龛高 0.49 米，宽 0.40 米，上深 0.05 米，下深 0.02 米。

造像内容： 圆形背光与头光，两侧刻有日月。头戴五佛冠，面容模糊，饰璎珞珠宝，戴手镯、臂钏、脚环。上着天衣，下着裙，帔帛缠绕手臂。左手结三宝印，拈花茎，花茎伸至左侧，向上伸出，至左肩处盛开莲花。右手施与愿印，向外置于膝前，掌心向外，亦拈花茎，花茎沿右臂上伸，至右肩处盛开莲花。绿度母坐于莲花台上，双腿屈左展右，左腿半结跏，右腿向下舒展，踏于小朵莲花上。

现状： 风化严重，尤其面部，仅存轮廓。

题记： 无。

无量寿佛

中 -96

位置: 位于大雄宝殿西侧，刻于一块高 2.50 米，宽 2.00 米的大石上。

形制: 平面竖长方形圆拱塔形龛。龛高 1.26 米，宽 0.98 米，上深 0.03 米，下深 0.10 米。

造像内容: 双层圆形背光与头光，两侧以祥云托日月。头戴五佛冠，发髻高束，面形圆阔，耳边宝缯向上呈 S 型翻卷。戴手镯、臂钏，胸饰璎珞，帔帛搭于手臂，在肘部形成环状后再呈 S 型翻卷。双手结禅定印，手托长寿宝瓶，瓶中生出如意宝树。结跏趺坐于大瓣莲台之上。

现状: 残存少许彩绘，龛石上方有损毁。

题记: 无。

释迦牟尼佛
中 -97

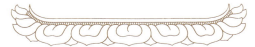

位置: 位于大雄宝殿西侧, 刻于一块高 1.40 米, 宽 3.20 米的大石上。

形制: 平面竖长方形圆拱塔形龛。龛高 0.77 米, 宽 0.58 米, 上深 0.02 米, 下深 0.08 米。

造像内容: 释迦牟尼佛双层圆形背光与头光, 两侧以祥云托日月。磨光式发髻, 面容饱满, 安详宁静, 双耳垂肩。身着袈裟。左手放置膝前, 施禅定印, 托钵, 右手垂于右膝前, 结触地印。结跏趺坐于莲台上。

现状: 残存少许彩绘, 保存完好。

题记: 无。

绿度母
中-98

位置： 位于大雄宝殿西侧，刻于一块高 3.30 米，宽 3.70 米的大石上。

形制： 平面竖长方形浅龛，方形龛楣。龛高 1.80 米，宽 1.50 米，上深 0.05 米，下深 0.01 米。

造像内容： 双层圆形背光与头光，两侧以祥云托日月。头戴五佛冠，面容饱满，双耳垂肩，戴大耳珰，饰璎珞珠宝，戴手镯、臂钏、脚环。上着天衣，下着裙，帔帛缠绕手臂，沿身侧下垂后再向上飘卷。左手结三宝印，拈花茎，花茎伸至左侧，向上伸出，至左肩处盛开莲花。右手结施愿印，向外置于膝前，掌心向外，亦拈花茎，花茎沿右臂上伸，至右肩处盛开莲花。绿度母全身呈绿色，坐于莲花台上，双腿屈左展右，左腿半结跏，右腿向下舒展，踏于小朵莲花上。

现状： 鼻子已损毁，其他保存完好。

题记： 龛顶有题记；左、右龛线有题记，左右两联高 1.60 米，宽 0.15 米，均已漫漶不清。

无量寿佛
中 -99

位置： 位于大雄宝殿西侧，刻于一块高 2.00 米，宽 2.05 米的大石上。

形制： 平面竖长方形圆拱塔形龛。龛高 0.82 米，宽 0.70 米，上深 0.07 米，下深 0.05 米。

造像内容： 双层圆形背光与头光，两侧以祥云托日月，头戴五佛冠，发髻高束，面容饱满，戴大耳珰，耳边宝缯向上呈 S 型翻卷。胸饰璎珞，帔帛搭于手臂，在肘部形成环状后再呈 S 型翻卷。双手结禅定印，手托长寿宝瓶，瓶中生出如意宝树。结跏趺坐于莲台之上。

现状： 左面微有风化，保存基本完好。

题记： 无。

绿度母

中-100

位置： 位于大雄宝殿西侧，与白度母刻于同一块大石上。

形制： 平面竖长方形浅龛。龛高 1.90 米，宽 1.60 米，上深 0.10 米，下深 0.23 米。

造像内容： 双层圆形背光，圆形头光，两侧以祥云托日月。头戴五佛冠，面容端严，方脸，双耳垂肩，戴大耳珰，耳边宝缯向上翻卷。饰璎珞珠宝，上着天衣，下着裙。帔帛搭肩绕臂，于身体两侧向上翻卷。左手于胸前结三宝印，拈花茎，花茎伸至左侧，向上伸出，至左肩处盛开莲花。右手结施愿印，向外置于膝前，掌心向外，亦拈花茎，花茎沿右臂上伸，至右肩处盛开莲花。绿度母坐于覆莲台上，双腿屈左展右，左腿单坐，右腿向下舒展并脚踏于小朵莲花之上。

现状： 保存完好。

题记： 龛下侧刻有藏文题记，宽 0.76 米，高 0.25 米。为绿度母心咒，音译为"嗡达惹都达惹都惹梭哈"。

白度母

中 -101

位置：位于大雄宝殿西侧，与绿度母刻于同一块大石上。

形制：平面竖长方形浅龛。龛高 1.91 米，宽 1.56 米，上深 0.30 米，下深 0.29 米。

造像内容：双层圆形背光，圆形头光，两侧以祥云托日月。头戴五佛冠，花鬘发髻，细眉长目，双耳垂肩，戴大耳珰，除双目外，额头、双手、双足各有一眼。帔帛披肩绕臂，左手当胸结三宝印，手中拈花茎，花茎沿身体左侧向上，于肩膀处盛开鲜花，右手垂于膝前结与愿印。结跏趺坐于覆莲台上。

现状：保存完好。

题记：龛下有题记，宽 0.80 米，高 0.25 米，字迹已损毁。

绿度母

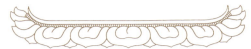

中-102

位置： 位于大雄宝殿西侧，与无量寿佛和文殊菩萨刻于同一块大石上，大石高 8.40 米。

形制： 平面竖长方形圆拱浅龛。龛高 2.31 米，宽 1.74 米，上深 0.08 米，下深 0.03 米。

造像内容： 双层圆形背光与头光，两侧以祥云托日月。头戴五佛冠，面容饱满，双耳垂肩，戴大耳挡，耳边宝缯向上翻卷。饰璎珞珠宝，上着天衣，下着裙。帔帛搭肩绕臂，于身体两侧向上翻卷。左手于胸前结三宝印，拈花茎，花茎伸至左侧，向上伸出，至左肩处盛开莲花。右手结施愿印，向外置于膝前，掌心向外，亦拈花茎，花茎沿右臂上伸，至右肩处盛开莲花。绿度母坐于莲台上，双腿屈左展右，左腿半结跏，右腿向下舒展，踏于茎枝茂盛的小朵莲花上。

现状： 保存完好。

题记： 龛顶有题记，宽 0.60 米，高 0.19 米，已漫漶不清。龛左右两侧有对联，对联顶端饰有祥云，底部以莲花瓣为底座，莲瓣宽 0.30 米，高 0.20 米。对联宽 0.19 米，高 1.53 米，字迹不存。

无量寿佛
中-103

位置： 位于大雄宝殿西侧，与文殊菩萨和绿度母刻于同一块大石上，大石高 8.40 米。

形制： 平面竖长方形圆拱塔形龛。龛高 2.47 米，宽 1.75 米，上深 0.10 米，下深 0.03 米。

造像内容： 双层圆形背光，圆形头光，两侧以祥云托日月。头戴五佛冠，发髻高束，面容饱满，双耳垂肩，戴大耳挡，耳边宝缯向上翻卷。胸饰璎珞，佩手镯、臂钏、脚环，帔帛搭于手臂，在肘部形成环状后再呈 S 型翻卷。双手于腹前结禅定印，托长寿宝瓶，瓶中生出如意宝树，结跏趺坐于仰莲座之上。

现状： 保存完好。

题记： 无。

文殊菩萨

中-104

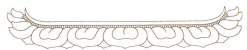

位置： 位于大雄宝殿西侧，与无量寿佛和绿度母刻于同一块大石上，大石高 8.40 米。

形制： 平面竖长方形圆拱塔形龛。龛高 1.63 米，宽 1.22 米，上深 0.07 米，下深 0.01 米。

造像内容： 双层圆形背光，圆形头光，两侧以祥云托日月。头戴五佛冠，发髻高束，面容饱满。戴大耳珰，耳边宝缯向上翻卷。佩珠宝璎珞、手镯、臂钏、脚环。帔帛搭肩绕臂，于身体两侧翻卷。腰饰佩带，左手于胸前拈花茎，花茎沿左臂向上，开出一朵莲花，花心处放置经书；右手上举，紧握智慧剑。结跏趺坐于仰莲座之上。

现状： 保存完好。

题记： 无。

白度母

中 -105

位置： 位于大雄宝殿西侧，与弥勒佛、十一面八臂观音、绿度母、无量寿佛等像刻于同一大石上，在十一面八臂观音像的右上方。大石高 4.90 米，宽 4.30 米。

形制： 平面竖长方形圆拱塔形龛。龛高 0.67 米，宽 0.57 米，上深 0.10 米，下深 0.06 米。

造像内容： 头戴五佛冠，花鬘发髻，细眉长目，面容稍有模糊，除双目外，额头、双手、双足各有一只眼睛。帔帛绕臂，左手当胸结三宝印，手中拈花茎，花茎沿身体左侧向上，于肩膀处盛开鲜花，右手垂于膝前，结与愿印。结跏趺坐于莲台上。

现状： 面部略有风化，保存基本完好。

题记： 无。

无量寿佛

中-106

位置： 位于大雄宝殿西侧，与弥勒佛、十一面八臂观音、绿度母、白度母等像刻于同一大石上，在十一面八臂观音像的右下方。大石高 4.90 米，宽 4.30 米。

形制： 平面竖长方形圆拱塔形龛。龛高 1.00 米，宽 0.74 米，上深 0.19 米，中深 0.09 米，下深 0.06 米。

造像内容： 双层圆形背光，圆形头光，两侧以祥云托日月。头戴五佛冠，发髻高束，面容庄重圆阔，双耳垂肩，戴大耳珰，耳边宝缯向上翻卷。胸饰璎珞，戴手镯、臂钏，帔帛搭于手臂，在肘部形成环状后再呈 S 型翻卷。双手结禅定印于膝上，手托长寿宝瓶，瓶中生出如意宝树。圆形头光，圆形背光，结跏趺坐于仰莲座之上。

现状： 保存完好。右上方有一平面竖长方形浅龛，龛高 0.35 米，宽 0.27 米，上深 0.18 米，下深 0.18 米，龛内无像。

题记： 无。

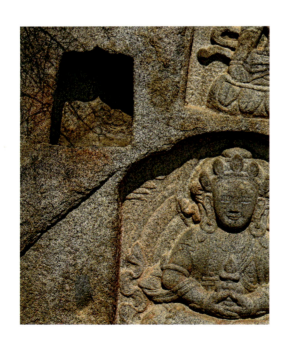

十一面八臂观音

中 -107

位置： 位于大雄宝殿西侧，与弥勒佛、绿度母、白度母、无量寿佛等像刻于同一大石上，位于中央。大石高 4.90 米，宽 4.30 米。

形制： 平面竖长方形尖拱塔形龛。龛高 2.54 米，宽 1.35 米，上深 0.20 米，下深 0.36 米。

造像内容： 莲瓣形背光，双层头光。共有十一面八臂。十一面共分五层排列，下方三层，每层三面，共九面，皆头戴五叶宝冠，其中前三面为慈悲相，左三面为嗔怒相，右三面为白牙上出相；第四层有一面，为忿怒明王像，头戴骷髅冠，怒目圆睁，獠牙外露，发髻外突；第五层有一面，为佛说法相。头高 0.86 米，头部所占比例较大，层层堆叠，形似宝塔。观音正面开脸明晰饱满，双耳垂肩，戴大耳环，身着天衣，披挂璎珞，帛带绕肩，于裙摆边垂折飞动，腰系束带，交结呈 8 字形，下着长裙，刻有精美花纹。两臂胸前合十，施礼敬印，余六臂分散展开，呈放射状，或持法器，或结手印，左上手持莲花，左中手持弓箭，左下手持净瓶，右上手结说法印，持念珠，右中手持法轮，右下手结与愿印。观音两足并列站立，身高 1.40 米。下方为单层覆莲座。

现状： 保存基本完好。

题记： 无。

绿度母
中-108

位置： 位于大雄宝殿西侧，与弥勒佛、十一面八臂观音、白度母、无量寿佛等造像刻于同一大石上，大石高 4.90 米，宽 4.30 米，十一面八臂观音的左上方、弥勒佛坐像的上方。

形制： 平面竖长方形尖拱塔形龛。龛高 0.65 米，宽 0.49 米，上深 0.12 米，下深 0.05 米。

造像内容： 圆形背光与头光。头戴五花冠，面容绿色，模糊不清。饰璎珞珠宝，上着天衣，下着裙。帔帛搭肩绕臂，于身体两侧向上翻卷。左手于胸前结印，手印模糊，拈花茎，花茎伸至左侧，向上伸出，至左肩处盛开莲花。右手结施愿印，向外置于膝前，掌心向外，亦拈花茎，花茎沿右臂上伸，至右肩处盛开莲花。绿度母坐于莲台上，双腿屈左展右，左腿半结跏，右腿向下舒展，踏于小朵莲花上，小朵莲花已风化不存。

现状： 头冠、面部模糊不清，莲花座风化严重，右脚所踏小莲花已风化不存。

题记： 无。

弥勒佛坐像
中-109

位置： 位于大雄宝殿西侧，与绿度母、十一面八臂观音、白度母、无量寿佛等造像刻于同一大石上，大石高4.90米，宽4.30米，十一面八臂观音的左下方、绿度母下方。

形制： 平面竖长方形圆拱塔形龛。龛高1.06米，宽0.72米，上深0.06米，中深0.13米，下深0.01米。

造像内容： 圆形背光与头光。头戴五花冠，高发髻，面容饱满，面相寂静，双耳垂肩，饰耳珰，缯带上卷。双手结说法印，手中各持一花茎，花茎伸至两肩外侧并开花，花心放置有经卷、净瓶。帔帛覆双肩，绕肘一圈后下垂，覆于身侧方几上。弥勒上身着通肩式衲衣，下着长裙，端坐于方几之上，脚踏覆莲台之上。

现状： 保存完好。

题记： 无。

弥勒佛、绿度母、无量寿佛组合像
中 -110

位置：位于大雄宝殿西侧。

形制：平面竖长方形组合浅龛。龛高 1.88 米，宽 2.45 米，上深 0.18 米，下深 0.03 米。

造像内容：龛内刻弥勒佛、绿度母、无量寿佛三尊像。左边弥勒佛高 1.70 米，宽 0.96 米，圆形背光与头光，两侧以祥云托日月。头戴五花冠，高发髻，面容饱满，双耳垂肩，戴耳珰，缯带上卷。双手结说法印，手中各持一花茎，花茎伸至两肩外侧并开花，花心放置经卷、贲巴瓶。帔帛覆双肩，绕肘一圈后下垂。弥勒上着通肩式衲衣，下着长裙，坐于方几之上，脚踏莲台。正中造像为绿度母，宽 1.00 米，高 1.80 米，圆形背光与头光，两侧以祥云托日月。头戴五佛冠，花鬘发髻，面容饱满，双耳垂肩，戴大耳珰，耳边宝缯向上翻卷。饰璎珞珠宝，上着天衣，下着裙。帔帛搭肩绕臂，于身体两侧向上翻卷。左手于胸前结三宝印，拈花茎，花茎伸至左侧，向上伸出，至左肩处盛开莲花。右手结施愿印，向外置于膝前，掌心向外，亦拈花茎，花茎沿右臂上伸，至右肩处盛开莲花。绿度母坐于莲台上，双腿屈展右，左腿半结跏，右腿向下舒展，踏于茎枝茂盛的小朵莲花上。

右边无量寿佛高 0.63 米，宽 0.46 米，圆形背光与头光，两侧刻有日月。头部和面部风化严重，戴大耳珰。胸饰璎珞，佩手镯、臂钏、脚环，帔帛搭于手臂，在肘部形成环状后再从身体两侧向上呈 S 型翻卷。双手结禅定印，手托贲巴瓶，结跏趺坐于仰莲台之上。

现状：无量寿佛风化严重，其余造像亦有不同程度风化。

题记：有藏文题记，为六字真言。龛左边题记高 1.00 米，宽 1.00 米；龛右下题记宽 0.65 米，高 1.28 米；龛下题记宽 2.10 米，高 0.77 米。

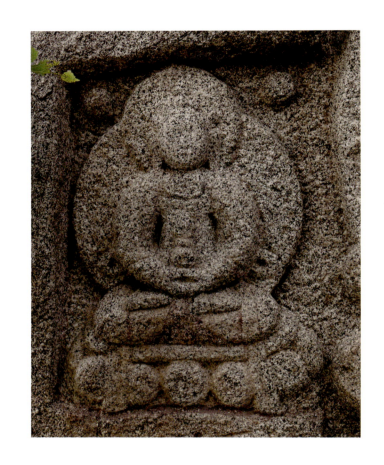

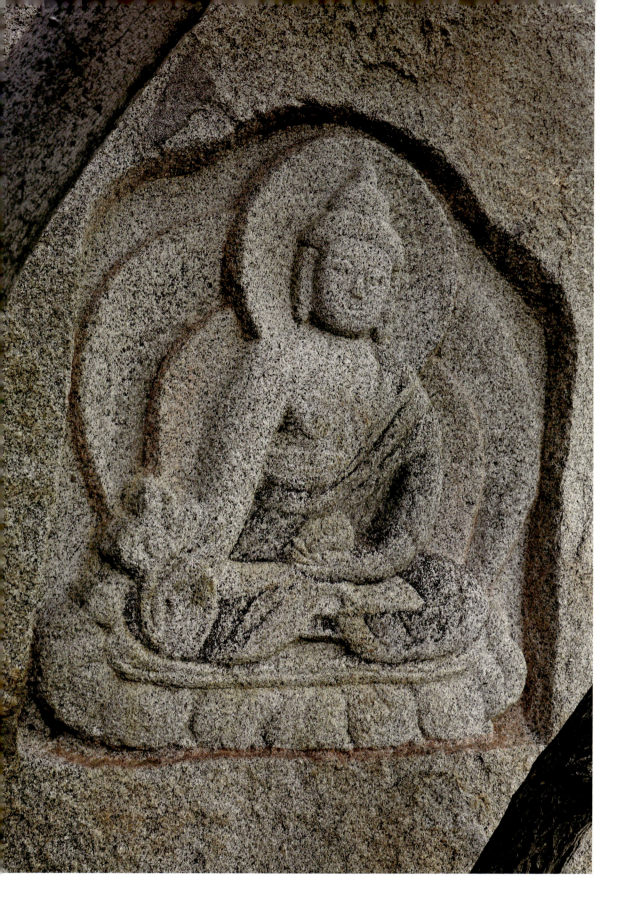

药师佛
中 -111

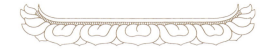

位置： 位于大雄宝殿西侧。

形制： 平面竖长方形圆拱塔形龛。龛高 0.93 米，宽 0.90 米，上深 0.04 米，下深 0.04 米。

造像内容： 双层圆形背光，圆形头光。磨光高肉髻，面相方圆浑厚，细眉，细目，双耳垂肩。身形较长，左手于腹前托钵，右手放于右膝上，结与愿印持带叶的"如拉"（藏青果）。身着袈裟，袒右肩。结跏趺坐于仰莲座上。

现状： 稍有风化。

题记： 无。

无量寿佛

中-112

位置： 位于大雄宝殿西侧，刻于环山路边一块巨石上。

形制： 平面竖长方形浅龛，拱形龛楣。龛高 1.10 米，宽 0.79 米，上深 0.06 米，中深 0.06 米，下深 0.01 米。

造像内容： 圆形背光与头光，两侧以祥云托日月。头藏五佛冠，发髻高束，面容圆阔，双耳垂肩，戴大耳珰，耳边宝缯向上翻卷。胸饰璎珞，戴手镯、臂钏、脚环，帔帛搭于手臂，在肘部形成环状后再呈 S 型翻卷。双手结禅定印于膝上，手托长寿宝瓶，瓶中生出如意宝树。结跏趺坐于莲台之上。

现状： 保存完好。

题记： 龛顶有藏文题记，延伸至龛左侧，宽 3.80 米，高 0.60-0.95 米，已漫漶不清。

长寿三尊
中-113

位置：位于大雄宝殿西侧，与两尊无量寿佛、童贞文殊菩萨和不动明王等造像刻于同一块巨石的不同崖面上，大石宽 6.40 米，高 4.60 米。

形制：平面竖长方形浅龛，方形龛楣。龛高 1.05 米，宽 0.97 米，上深 0.07 米，中深 0.09 米，下深 0.03 米。

造像内容：龛内中央主尊为无量寿佛，右下侧尊胜佛母，左下侧白度母。中央主尊无量寿佛高 0.66 米，宽 0.56 米。双层圆形背光，圆形头光，两侧以祥云托日月。头戴五佛冠，发髻高束，面形丰圆，宽额丰颐，耳边宝缯向上呈 S 型翻卷，双耳坠大耳珰。胸前满饰宝珠璎珞，帔帛搭于手臂，在肘部形成环状后，于身体两侧再呈 S 型翻卷。双手结禅定印，捧长寿甘露宝瓶，结跏趺坐于仰莲式台座上。莲台下有倒三角形物支撑。

右下侧尊胜佛母高 0.55 米，宽 0.46 米。圆形背光与头光，为三面八臂造型，每面原应有三眼，但已模糊不清。中间面形圆阔，左面呈忿怒相，右面面容模糊，应为怡容愉悦相。左第一手印已经模糊，应是结忿怒拳印并持有罥索，左第二手施无畏印，左第三手持弓，左第四手持定印并托甘露宝瓶；右第一手持十字金刚杵，右第二手托莲座比较模糊，莲座上之阿弥陀佛已模糊不清，仅留造像轮廓，右第三只手握箭，右第四只手施与愿印，垂于右腿之前。结跏趺坐于莲台上。

左下侧白度母高 0.52 米，宽 0.46 米。圆形背光，双层圆形头光。面容安详，面部有三只眼睛，双手和双足又各有一目，共七眼，因而白度母又被称为七眼佛母。据传额头上的眼睛可观十方无量之佛土，其余六只眼睛以观无量众生，赐予众生智慧和长寿。头顶发髻，呈花状，双耳坠耳环。身着绸裙，斜披络腋，帔帛搭于手臂，在肘部翻卷，戴手镯、臂钏、脚环等。左手当胸结三宝印，持花茎，花茎伸向肩膀左侧，盛开花朵，右手垂于膝前，结与愿印。结跏趺坐于莲台上。

现状：三尊造像佩藏饰物和手印稍有风化。

题记：龛左侧有有梵文与藏文题记。梵文题记有一字，宽 0.17 米，高 0.20 米。藏文题记宽 1.93 米，高 1.38 米。左侧有一平面竖长方形浅龛，龛高 0.40 米，宽 0.38 米，内容已损毁，无造像，龛左侧崖面有藏文题记，宽 0.40 米，高 1.34 米，汉译为"嗡、啊、吽"。

无量寿佛
中 -114

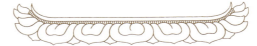

位置： 位于大雄宝殿西侧，与长寿三尊、另一尊无量寿佛、童贞文殊菩萨和不动明王等造像刻于同一块巨石的不同崖面上，大石宽 6.40 米，高 4.60 米。

形制： 平面竖长方形浅龛。龛高 0.97 米，宽 0.71 米，上深 0.08 米，中深 0.09 米，下深 0.01 米。

造像内容： 圆形背光与头光，两侧以祥云托日月。头戴五佛冠，发髻高束，面容圆阔，双耳垂肩，戴大耳珰，耳边宝缯向上翻卷。胸饰璎珞，斜披络腋，帔帛搭于手臂，在肘部形成环状后再呈 S 型翻卷。双手结禅定印于膝上，手托长寿宝瓶，瓶中生出如意宝树，结跏趺坐于莲台之上。

现状： 保存完好。

题记： 无。

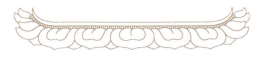

无量寿佛
中-115

位置：位于大雄宝殿西侧，与长寿三尊、另一尊无量寿佛、童贞文殊菩萨和不动明王等造像刻于同一块巨石的不同崖面上，大石宽 6.40 米，高 4.60 米。

形制：平面竖长方形浅龛，方形龛楣。龛高 1.72 米，宽 1.33 米，上深 0.19 米，中深 0.19 米，下深 0.09 米。

造像内容：双层圆形背光与头光，两侧以祥云托日月。头戴五佛冠，发髻高束，面容圆阔，双耳垂肩，戴大耳珰，耳边宝缯向上翻卷。胸饰璎珞，戴手镯、臂钏，帔帛搭于手臂，在肘部形成环状后再呈 S 型翻卷。双手结禅定印于膝上，手托长寿宝瓶，瓶中生出如意宝树，结跏趺坐于莲台之上。

现状：鼻子损毁，为现代用水泥修补，其余保存完好。

题记：龛顶和龛左侧以及龛下方均有题记，龛顶题记高 0.80 米，宽 1.15 米；龛左题记高 2.50 米，宽 0.24 米，龛下方有阳刻藏文题记，长 1.20 米，高 0.32 米，汉译为"道光二十年（庚子）八月十五日阿布惹拉图敬刻"。

童贞文殊菩萨

中-116

位置： 位于大雄宝殿西侧，与长寿三尊、两尊无量寿佛和不动明王等造像刻于同一块巨石的不同崖面上，大石宽 6.40 米，高 4.60 米。

形制： 平面竖长方形浅龛，龛楣已毁。龛高 3.18 米，宽 2.45 米，上深 0.25 米，下深 0.10 米。

造像内容： 双层圆形背光与头光，两侧以祥云托日月。头戴五佛冠，发髻高束。面形长圆饱满，三目，眉间有白毫。双耳垂肩，戴大耳珰，耳边宝缯向上翻卷。佩珠宝璎珞，戴手镯、臂钏、脚环。帔帛搭肩绕臂，于身体两侧翻卷，帛带绕双腿，于两侧又向上翻卷。腰饰佩带，左手于胸前持经书，右手上举，紧握智慧剑。结跏趺坐于莲台之上。

现状： 龛顶有七孔柱洞，其余保存完好。

题记： 龛左侧有题记，已漫漶不清。

不动明王
中-117

位置： 位于大雄宝殿西侧，与长寿三尊、两尊无量寿佛、童贞文殊菩萨等造像刻于同一块巨石的不同崖面上，大石宽 6.40 米，高 4.60 米。

形制： 平面竖长方形浅龛。龛高 1.70 米，宽 1.18 米，上深 0.16 米，中深 0.20 米，下深 0.07 米。

造像内容： 火焰纹背光，两侧以祥云托日月。一面二臂三目，头戴五骷髅冠，怒发上扬，呈火焰状，怒目圆睁，呈忿怒相。戴大耳珰，耳边宝缯向上翻卷。身形粗壮，腹大而圆，饰璎珞，帔帛飘飞，腰系佩带，下着虎皮裙，左手竖立食指结期克印，手指绕有金刚索，右手举般若剑，半跪于仰莲台之上。

现状： 龛顶左右两侧各有一个柱洞，保存完好。

题记： 无。

关公、关平、周仓三尊像
中-118

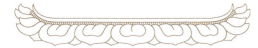

位置：位于佛祖殿北侧，刻于一块大石上，大石高 5.10 米，宽 5.00 米。

形制：平面竖长方形圆拱塔形龛。龛高 1.55 米，宽 1.30 米，上深 0.06 米，下深 0.03 米。

造像内容：此龛共有三尊造像，中间主尊为关公，主尊左右侍立关平、周仓两位武将。关公高 1.24 米，宽 0.65 米，圆形头光，两侧以祥云托日月。头戴方巾，面庞方阔，剑眉微蹙，神情凝重威严。右手将美髯，髯五缕，左手置膝上。身着甲胄、长袍，脚蹬战靴。正襟危坐，尽现威严。左边的关平高 0.80 米，宽 0.43 米，一身戎装，脚蹬战靴，谦恭儒雅，面露忠勇，左手持剑，右手上举，托"汉寿亭侯印"，威立于关公左侧。右边的周仓高 1.10 米，宽 0.42 米，亦着戎装，脚蹬战靴，红脸，双目圆睁，左手叉腰，右手持青龙偃月刀，威立于关公右侧。

现状：保存完好。

题记：龛左下侧有蒙文题记，宽 0.57 米，高 0.59 米。

东方持国天王
中 -119

位置： 原位于天王殿内，今嵌于关公殿前的墙壁上。

形制： 平面竖长方形浅龛。龛高 1.55 米，宽 0.92 米。

造像内容： 圆形头光，祥云环绕，头戴盔冠，宽额丰颐，圆眼，宽鼻，方脸。帔巾绕于肩臂，乘风飘飞于头后拱起。身披铠甲，手戴护腕，脚蹬战靴。衣褶、飘带纹饰流畅、飘逸。双手于身前抚琵琶，正襟危坐，端坐于方座之上。天王左右脚分别踩癫狂鬼和香阴神。

现状： 龛四周用水泥砌成。造像盔冠以上左半部分残缺，右半部分已断裂，头光仅存右半部分。局部残留彩绘。

题记： 无。

南方增长天王
中-120

位置： 原位于天王殿内，今嵌于关公殿前的墙壁上。

形制： 平面竖长方形浅龛。龛高1.55米，宽0.94米。

造像内容： 圆形头光，祥云环绕，头戴宝冠，宽额丰颐，慧目圆睁，宽鼻大耳，耳挂圆花珰，蓄胡须，呈倒三角形，相貌威严。身穿战衣铠甲，胄甲纹路刻工精细，衣袖飘动于两侧，两臂绕有帛带，于头后拱起。左手握拳，放于左膝之上；右手持剑。脚蹬战靴，端坐于方座之上。天王左右脚分别踩鸠盘茶、薜荔鬼。

现状： 龛四周用水泥砌成。造像保存完好。局部残留彩绘。

题记： 无。

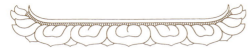

北方多闻天王
中 -121

位置： 原位于天王殿内，今嵌于关公殿前的墙壁上。

形制： 平面竖长方形浅龛。龛高 1.55 米，宽 0.92 米。

造像内容： 圆形头光，祥云环绕，头戴五叶天冠，方脸，宽额丰颐，双目圆睁，宽鼻大耳，双耳垂肩，戴大耳珰。帔巾绕于肩臂，乘风飘飞于头后。身披铠甲，手戴护腕，脚蹬战靴。衣褶、飘带纹饰流畅、飘逸。左手握吐宝鼠，右手持宝幡。正襟危坐，端坐于方座之上。天王左右脚分别踩夜叉和罗刹鬼。

现状： 龛四周用水泥砌成。造像保存完好。局部残留彩绘。

题记： 无。

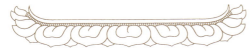

山神
中 -122

位置：位于关帝庙北。

形制：平面竖长方形浅龛。龛高 0.42 米，宽 0.40 米，上深 0.03 米，下深 0.02 米。

造像内容：圆形头光，祥云环绕，两侧以祥云托日月。面部残毁，蓄胡须，身着袍服，左手执剑，右手执一三角形令旗，正襟危坐，端坐于方椅之上。

现状：面部、左手、右手均已残毁。

题记：无。

南区

宗喀巴大师

南 -1

位置： 位于延寿殿南，与南 -5 遏迩名扬地每像刻于同一大石上，大石高 2.60 米，宽 1.50 米。

形制 平面竖长方形尖拱浅龛。龛高 1.22 米，宽 0.93 米，上深 0.30 米，下深 0.15 米。

造像内容： 圆形背光与头光，两侧以祥云托日月。头戴黄色班智达帽，双目有神，面相饱满，微笑中含有慈祥。身着袈裟。左手拈莲枝托钵，钵中有摩尼宝；右手拈莲枝结说法印，莲茎沿两侧手臂而上，分别盛开于左右肩头，左肩花朵上供般若经，右肩花朵上供智慧剑，象征着宗喀巴为文殊菩萨化身，宗喀巴上师结金刚跏趺坐于线刻的覆莲台上。

现状： 头光区域、花茎、花朵均残留彩绘痕迹，保存完好。龛下有一小型龛，无造像，宽 0.14 米，高 0.17 米，深 0.12 米。

题记： 龛下方有阳刻藏文题记，宽 0.88 米，高 0.22 米，为宗喀巴大师心咒：

ༀ།ཨ་གུ་རུ་བཛྲ་དྷ་ར་སུ་མ་ཏི་ཀཱི་རྟི་སིདྡྷི་ཧཱུྃ།། ，音译为："嗡阿咕如班杂达惹苏玛地各得斯得吽吽"。

白玛哈噶拉
南-2

位置： 位于延寿殿南，与无量寿佛、白文殊等造像刻于同一大石上，大石高 3.50 米，宽 6.28 米。

形制： 平面竖长方形尖拱浅龛。龛高 1.06 米，宽 0.70 米，上深 0.07 米，下深 0.07 米。

造像内容： 白玛哈噶拉，又称六臂勇保护法，或大白勇保护法，藏语"贡格勒"。火焰纹背光，一面六臂三目。头戴五骷髅冠，火焰形赤发，须眉上翘，三目怒视，咧口卷舌，獠牙外露，呈忿怒相。胸腹袒露，饰璎珞，戴钏环，着长裙，帔帛飘拂于身体两侧，下垂后飘逸上扬。主臂左手托置有宝瓶的嘎巴拉，右手持摩尼宝，其余四臂，左上手持三叉戟，左下手持钩；右上手持钺刀，右下手持嘎巴拉鼓。脚下各踏一尊匍匐的象头天神。小象在《造像量度经》中被称为吉祥王菩萨，乃八大馌方守土神之一，脚踏其身象征国土安泰。象头天神下为双层仰覆莲座。

现状： 保存完好。

题记： 龛上下有两处藏文题记。龛上方的阳刻题记高 0.18 米，宽 0.55 米，汉译为"顶礼白玛哈噶拉"。龛下方的阳刻题记高 0.25 米，宽 0.75 米。汉译为"道光二十三年（1843）水兔年七月十五日，饶降巴·益西桑布敬刻"。

无量寿佛
南-3

位置： 位于延寿殿南，与白玛哈噶拉、白文殊等造像刻于同一大石上，白玛哈噶拉像的右上方。

形制： 平面竖长方形浅龛，拱形龛楣。龛高 0.61 米，宽 0.38 米，上深 0.12 米，下深 0.02 米。

造像内容： 圆形背光与头光，两侧以祥云托日月。头戴五佛冠，发髻高束，面容饱满，凝视远方。上着天衣，胸饰璎珞，戴手镯、臂钏、脚环，帔帛搭于双臂，在肘部形成环状后再呈 S 型翻卷。手结定印，托贲巴瓶。结跏趺坐于莲台上。

现状： 面部稍有风化，其余保存基本完好。无量寿佛右侧另一崖面上，有一空龛，高 0.19 米，宽 0.13 米，深 0.13 米。

题记： 龛下侧有一阳刻藏文题记，高 0.10 米，宽 0.50 米，为无量寿佛心咒，音译为"嗡阿玛惹呢则万德耶梭哈"。

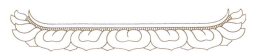

白文殊

南 -4

位置： 位于延寿殿南，与白玛哈噶拉、无量寿佛等像刻于同一大石上，白玛哈噶拉像的左侧。

形制： 平面竖长方形浅龛，拱形龛楣。龛高 1.00 米，宽 0.73 米，上深 0.08 米，下深 0.11 米。

造像内容： 白文殊菩萨双层背光，圆形头光，两侧以祥云托日月。一面二臂，结跏趺坐于莲台之上。头戴花冠，发结五髻，饰如意宝珠，微左倾。面容饱满，露微笑，透睿智，宛若童子。上着天衣，佩璎珞颈饰，戴手镯、臂钏、脚环，下着裙。帔帛披双肩，环绕肘部后从两侧向上呈 S 型翻卷。左手置腹前，结定印，拈花茎，花于左肩盛开，花上置有代表般若经之经箧，象征所有智慧来自般若经典；右手置于膝前，亦持花茎，延伸至右肩开花，花上置智慧剑，象征以智慧之剑斩断一切捆缚内心之烦恼。佛典宣称，白文殊对于增长记忆、敏捷智慧以及演讲、辩论等有特殊的效果。因此又被称为"智慧轮文殊"。

现状： 保存完好。

题记： 龛上下有三处藏文题记。最上面的题记高 0.15 米，宽 0.47 米，上深 0.03 米，下深 0.01 米，为白文殊心咒："嗡哇基达那玛"。龛下方的阳刻题记高 0.22 米，宽 0.72 米，最下方的题记高 0.22 米，宽 0.28 米，二者合译为："道光二十一年三月八日饶降巴·益西桑布敬造"。

遐迩名扬地母
南-5

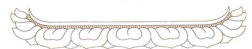

位置： 位于延寿殿南，与南-1宗喀巴大师像刻于同一大石上，大石高2.60米，宽1.50米。

形制： 平面竖长方形圆拱浅龛。龛高1.35米，宽1.05米，上深0.20米，下深0.15米。

造像内容： 火焰纹背光，圆形头光，两侧以祥云托日月。头戴五叶天冠，三目，发髻高束，头向左倾，双耳垂肩，戴大耳珰，耳边宝缯向上呈S型翻卷。斜披络腋，戴手镯，身披天衣，着长裙。左手于胸前持金刚钺斧，右手上举，执宝镜、罥索，游戏坐于雄鹿之上。雄鹿双角竖立，右前蹄抬起，立于仰莲台之上。

现状： 保存完好。

题记： 龛上下方有阳刻藏文题记，上方题记高0.19米，宽0.61米，汉译为"顶礼大护法"。下方题记高0.30米，宽0.83米，汉译为"饶降巴·益西桑布，于铁鼠年七月十五日敬造"。

独母吉祥天
南 -6

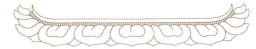

位置：位于密宗殿东南，与乃琼护法等造像刻于同一大石上。

形制：平面竖长方形浅龛，拱形龛楣。龛高 1.33 米，宽 0.93 米，上深 0.20 米，下深 0.13 米。

造像内容：双层圆形背光，圆形头光，两侧以祥云托日月。头戴五叶天冠，面容饱满，双目圆睁，双耳垂肩，戴大耳珰。上着天衣，披帛披肩绕臂，飘飞左右，下着裙。左手置腹前，托钵，钵中盛满珠宝；右手持剑，剑饰宝璎。左腿半结跏，右腿微微下伸，坐于覆莲座上，莲座下三枝树杈，用以支撑。龛内左下侧和右下侧刻有立像，高 0.20 米，但模糊不清。

现状：基本保存完好。与乃琼护法之间有一平面竖长方形圆拱浅龛。龛高 0.59 米，宽 0.53 米，深 0.01 米。

题记：无。

乃琼护法
南-7

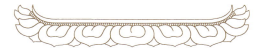

位置： 位于密宗殿东南，与独母吉祥天等造像刻于同一大石上，大石高3.50米，宽6.28米。

形制： 平面竖长方形圆拱浅龛。龛高1.57米，宽1.40米，上深0.04米，下深0.17米。

造像内容： 乃琼护法，别称大护法王"贝哈尔"，又称事业明王。火焰纹背光。该造像三面六臂，头戴圆顶藤帽。三面皆方圆，每面三目，皆圆睁，獠牙、露齿，呈忿怒相。颈饰璎珞，着丝质天衣，腰饰带，着虎皮裙。左边三手分别持刀、弓和杖，右边三手分别握铁钩、箭和剑。箭与弓放于胸前，呈拉弓射箭之姿。乃琼护法游戏坐于雪狮之背，雪狮张开大口，怒目圆睁，背有四颗人头，尾上扬，威武雄壮，立于仰莲座上。

现状： 保存完好。

题记： 龛左侧有两龛藏文题记。上龛高0.15米，宽0.55米，上深0.01米，下深0.10米，译为汉语"皈依乃琼"。下龛高0.68米，宽1.06米，深0.03米，题记为乃琼护法之赞颂词，译为汉语"三面六臂执棒作武器，白绸天衣唐徐帽庄严，威严坐狮制伏怨敌众，我今敬赞事业明王您"，题记汉译为"饶降巴·益西桑布于道光十六年（丙申）五月初八敬刻"。

北方多闻天王
南 -8

位置： 位于密宗殿后。

形制： 平面竖长方形尖拱浅龛。龛高 1.63 米，宽 1.25 米，上深 0.15 米，下深 0.10 米。

造像内容： 圆形背光与头光，两侧以祥云托日月。头戴五叶宝冠，宽额丰颐，须眉倒竖，双目圆瞪，面相威猛，双耳戴大耳珰。身穿铠甲，披锦袍，脚穿战靴。帔帛披肩，飘飞左右。左手持吐宝鼠，象征财宝，右手握如意宝幢。天王坐于雄狮背上，雄狮回首昂望，尾巴上翘，雄壮威猛，立于仰莲座上。北方多闻天王为北方的护法天神，又称毗沙门天王、财宝天王，乃佛教中的四大天王之一。

现状： 保存完好。

题记： 龛上方有阳刻的藏文题记，宽 0.55 米，高 0.22 米，汉译为"顶礼毗沙门护法"。

护国护法

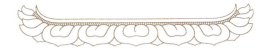

南-9

位置： 位于密宗殿南，与骑羊护法刻于同一大石上，大石高 5.10 米。

形制： 平面竖长方形圆拱浅龛。龛高 2.13 米，宽 1.83 米，深 0.06 米。

造像内容： 火焰纹背光。头戴五骷髅冠，怒发竖立，呈红色，三目圆睁，咧口卷舌，獠牙外露，双耳戴大耳珰，面相威猛，呈愤怒相。佩戴五十人骷髅骨念珠，饰璎珞，戴手镯、臂钏、脚环。身披人皮，腰系虎皮裙。左手于胸前托嘎巴拉碗，右手上扬，持钺刀。游戏坐于四蹄腾空、尾巴上扬作奔跑状的黑熊背上。护国护法为六臂玛哈噶拉的四大随从之一。

现状： 残存斑驳浅淡彩绘，保存完好。

题记： 无。

骑羊护法
南 -10

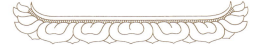

位置： 位于密宗殿南，与护国护法刻于同一大石上。

形制： 平面竖长方形浅龛，拱形龛楣。龛高 1.55 米，宽 1.18 米，上深 0.11 米，下深 0.30 米。

造像内容： 火焰纹背光。两侧刻有日月。头戴"沃被夏"帽，宽额丰颐，三目圆睁怒视，獠牙外露，双耳戴大耳珰，面相威猛，现忿怒相。身着袍服，足蹬战靴，衣袖飘扬。左手执铁匠用的皮制鼓风箱，右手上举，高举铁锤，以威震三界。游戏坐于一只山羊背上。山羊双角尖利，昂首挺胸，尾巴上卷，右前蹄抬起，作奔走状。山羊踩于血海翻腾的底座上。骑羊护法，即善金刚，全称"具誓善金刚"，藏语为"唐坚噶瓦那波"，汉译为"守哲黑铁匠神"，俗称骑羊护法。

现状： 胸前正中部分已损毁，为现代人工修补。火焰纹、长袍、战靴等残留红色彩绘痕迹。龛室上方左右两边有柱洞。其余保存完好。

题记： 龛室下方有藏文题记，宽 1.28 米，高 0.25 米，已漫漶不清，仅"益西桑布"可辨识。

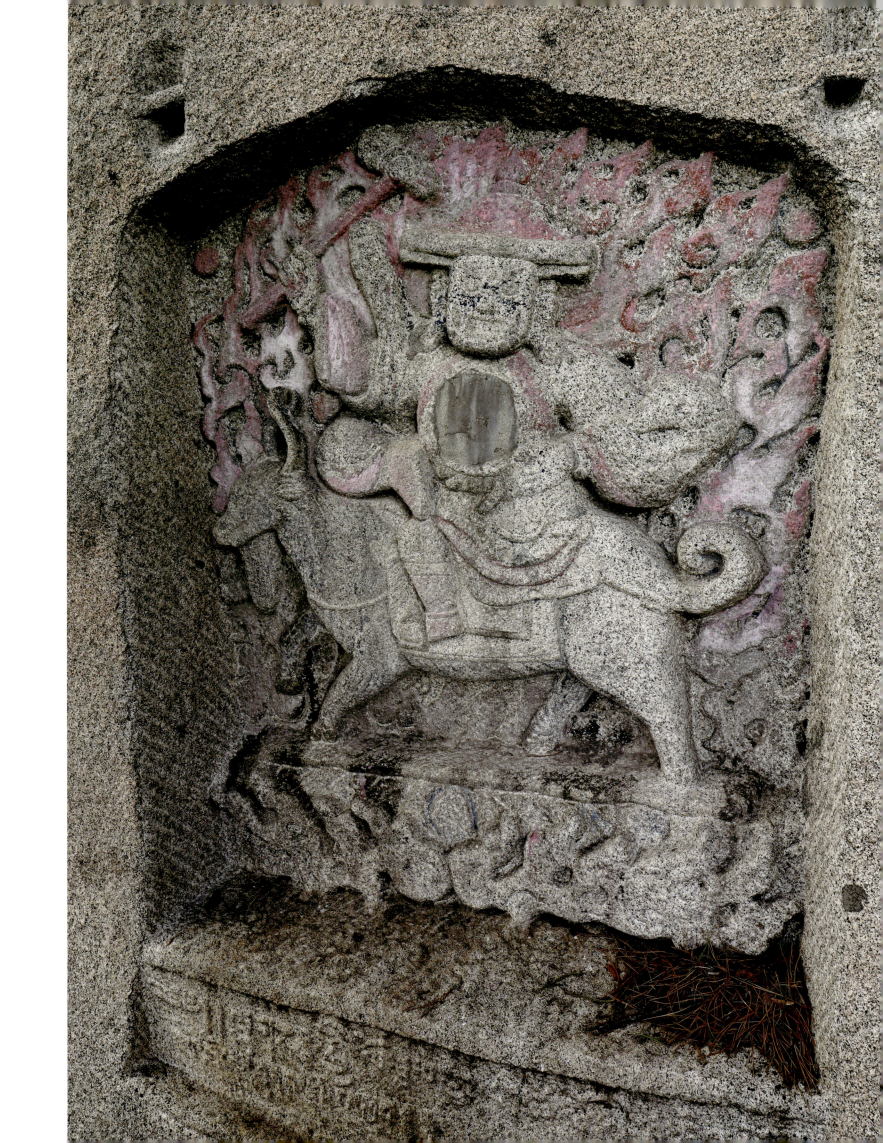

刚烈尊胜地母

南-11

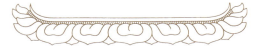

位置： 位于密宗殿正南，刻于一块大石上，大石高 2.63 米，宽 1.62 米。

形制： 平面竖长方形圆拱塔形龛。龛高 1.28 米，宽 0.86 米，上深 0.03 米，下深 0.07 米。

造像内容： 火焰纹背光，圆形头光，头戴五叶天冠，面容饱满，寂静祥和，面有三目，细而长，流露出和善目光，双耳垂肩，戴大耳珰，耳边宝缯向上翻卷。饰璎珞宝珠、手镯。上着天衣，下着裙，帔帛披肩，于身体两侧飘飞。左手托摩尼宝珠，右手上举，持长羽剑。游戏坐于威武的青马背上。青马昂首挺胸，右蹄抬起，立于大瓣仰莲台上。

现状： 青马前右蹄损毁，其余保存完好。

题记： 无。

弥勒立像
南-12

位置： 位于大雄宝殿南。

形制： 平面竖长方形圆拱浅龛。龛高 4.52 米，宽 2.26 米，上为线刻，下深 0.23 米。

造像内容： 立于双层束腰仰覆莲台上。圆形头光，头戴五佛冠，发髻高束，顶饰佛塔，面容熙怡，耳边宝繒向上呈 S 型翻卷。宽肩圆腰，躯体壮硕，上着天衣，肩挂络腋，下着裙，通身挂璎珞，戴手镯、臂钏、脚环。帔帛自双肩对称而下，垂至双足，向两侧飘飞。右手当胸结三宝印；左手下垂，双手各捻乌巴拉花茎，花茎沿两臂腕绕至肩头绽放，左边花心置贲巴瓶，右边花心置法轮。

现状： 残存斑驳彩绘，龛室左下侧有裂缝，其余保存完好。

题记： 龛室右下侧有 13 列阴刻蒙文题记，宽 1.60 米，高 0.95 米，音译为："愿太平，石匠昂丹造，大清国光绪二十四年四月初一维修措钦大殿所刻制，皇恩广布。佛日增辉，为利众生建造佛祖像"。该题记右侧还有两列蒙文题记，宽 0.40 米，高 0.45 米，音译为"吉祥如意"。蒙文题记右边有一藏文题记，宽 0.18 米，高 0.22 米，音译为"嗡"。龛室右侧顶端的崖面上刻有藏文题记，为文殊心咒，宽 0.90 米，高 0.16 米，音译为："嗡阿惹巴杂那地"。

绿度母
南-13

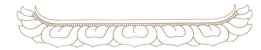

位置： 位于佛祖殿南，刻于环山路边大石上，大石宽 2.40 米，高 1.60 米。

形制： 平面竖长方形浅龛，方形龛楣。龛高 0.74 米，宽 0.58 米，上深 0.08 米，下深 0.03 米。

造像内容： 圆形背光与头光，两侧以祥云托日月。头戴五佛冠，面容饱满，双耳戴大耳珰，耳边宝缯向上呈 S 型翻卷。饰璎珞珠宝、戴手镯、臂钏、脚环。上着天衣，下着裙，帔帛披肩，下垂后沿身体两侧向上翻卷。左手结三宝印，拈花茎，花茎伸至左侧，向上伸出，至左肩处盛开莲花。右手结施愿印，向外置于膝前，掌心向外，亦拈花茎，花茎沿右臂上伸，至右肩处盛开莲花。绿度母坐于莲花台上，双腿屈左展右，左腿半结跏，右腿向下舒展，踏于小朵莲花上。

现状： 保存完好。

题记： 无。

白度母

南 -14

位置： 位于佛祖殿南，环山路南，刻于一块大石上，大石高 1.40 米，宽 1.75 米。

形制： 平面竖长方形浅龛，方形龛楣。龛高 0.85 米，宽 0.70 米，上深 0.05 米，下深 0.12 米。

造像内容： 圆形背光与头光。头戴五佛冠，花鬘发髻，藏大耳珰，耳边宝缯向上翻卷，除双目外，额头、双手、双足各具一眼。斜披络腋，帔帛披肩绕臂，沿身体两侧向上翻卷，左手当胸结三宝印，手中拈花茎，花茎沿身体左侧向上，于肩膀处盛开鲜花，右手垂于膝前，结与愿印，亦拈花茎，花茎沿身体右侧向上，于右肩处盛开鲜花。结跏趺坐于双层仰覆莲台上。

现状： 残存斑驳彩绘，略有风化，保存基本完好。

题记： 无。

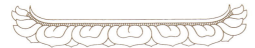

阿底峡尊者
南-15

位置： 位于佛祖殿南侧山腰石崖。

形制： 平面竖长方形尖拱塔形龛。龛高 2.20 米，宽 1.40 米，上深 0.13 米，下深 0.23 米。

造像内容： 圆形背光与头光，头戴红色僧帽，双目沉静，面容熙怡。着僧衣，衣褶层次清晰。双手当胸结说法印，身体左侧为比丘六物，宽 0.29 米，高 0.40 米；右侧置一小型佛塔，高 0.60 米，宽 0.26 米。结跏趺坐于覆莲台之上。

现状： 残存浅淡彩绘，保存完好。

题记： 龛室右侧有藏文题记"六字真言"，宽 1.00 米，高 0.44 米，音译为"嗡玛尼呗咪吽"。

宗喀巴师徒三尊
南-16

位置： 位于大雄宝殿西南，与无量寿佛、洛丹喜饶译师、犀甲护法造像刻于同一块大石上，大石高 4.00 米，宽 2.74 米，厚 0.70 米。

形制： 平面竖长方形组合龛。龛高 1.06 米，宽 1.40 米，上深 0.10 米，下深 0.08 米。

造像内容： 该组合龛由一大两小共三龛造像组合而成，正中为宗喀巴大师造像，宽 0.77 米，高 0.96 米，大师右侧为其弟子贾曹杰，宽 0.33 米，高 0.48 米；左侧为其弟子克珠杰，宽 0.33 米，高 0.48 米。

宗喀巴大师双层圆形背光与头光，两侧以祥云托日月。头戴班智达帽，双目有神，双耳垂肩、面相饱满、庄严、微笑慈祥。身着三法衣，衣褶层次鲜明。双手于胸前结说法印。双手各拈莲枝，莲茎沿两侧手臂而上，分别盛开在左右肩头，左肩花朵上供般若经，右肩花朵上放置智慧剑，象征宗喀巴为文殊菩萨之化身。结金刚跏趺坐于仰莲台之上，宗喀巴大师创立格鲁派，建造甘丹寺，为第一任甘丹赤巴（法台）。

右侧的贾曹杰尺寸略小，双层圆形背光与头光，两侧以祥云托日月。头戴班智达帽，面容饱满。身着三法衣。左手放置腹前，捧梵夹装经书一本，右手两指相捻，施说法印。结跏趺坐于单层方形法垫上。甘丹寺第二任甘丹赤巴。

左侧的克珠杰像尺寸略小，双层圆形背光与头光，两侧以祥云托日月。头戴黄色班智达帽，额际高广，脸颊圆腴，双目睁视，鼻梁挺直，双唇抿起，面含笑意。躯体端正挺直，着三法衣。右手当胸结说法印，左手置于腹前，捧佛经。结跏趺坐于单层方形法垫上。甘丹寺第三任甘丹赤巴。

格鲁派将宗喀巴、贾曹杰和克珠杰三人合称为"师徒三尊"。

现状： 残存斑驳彩绘，龛室左下侧有一孔柱洞，造像略有风化。

题记： 无。

无量寿佛
南-17

位置： 位于南-15宗喀巴大师像左上方。

形制： 平面竖长方形浅龛，拱形龛楣。龛高0.55米，宽0.37米，上深0.05米，下深0.07米。

造像内容： 圆形背光与头光，两侧以祥云托日月。头戴五佛冠，面容饱满，双耳垂肩，戴大耳珰，耳边宝缯向上翻卷。胸饰璎珞，佩手镯、臂钏，帔帛搭于手臂，在肘部形成环状后再呈S型翻卷。双手结禅定印于腹前，手托贲巴瓶，瓶中生出宝树，结跏趺坐于仰莲座上。

现状： 造像略有风化。

题记： 无。

洛丹喜饶译师
南-18

位置： 位于南-15宗喀巴师徒三尊像下方。

形制： 平面竖长方形圆拱浅龛。龛高0.53米，宽0.44米，上深0.05米，下深0.04米。

造像内容： 圆形背光与头光，两侧以祥云托日月。头藏班智达帽并微向左倾，身着三法衣，左手于腹前结定印，托经卷，右手结说法印。结跏趺坐于方形法垫之上，法垫之下为莲台。

现状： 造像略有风化。

题记： 龛室下方有一行藏文题记，宽0.74米，高0.11米，深0.01米，汉译为"顶礼洛丹喜饶译师"。

犀甲护法
南 -19

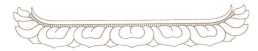

位置： 位于南 -15 宗喀巴师徒三尊像右下方。

形制： 平面竖长方形浅龛。龛高 1.10 米，宽 0.80 米，上深 0.04 米，下深 0.08 米。

造像内容： 犀甲护法，又称金甲衣护法。火焰纹背光。头戴五骷髅冠，头后有五面护背旗，三目狰狞，威猛有力。圆形项巾，身披犀甲，着战袍，左手执马鞭，牵长绳，右手持镶摩尼宝的宝棍，游戏坐于腾云之良马上，马作奔跑状踏于覆莲台。龛室左下侧有一小龛，宽 0.15 米，高 0.15 米，其中雕刻有两尊小型造像，为犀甲护法眷属，右侧造像双手叉腰，目视前方；左侧造像面向另一人，双手抬起，举至另一人耳际，似在言谈。

现状： 犀甲护法略有风化，其眷属风化严重，面目全非。

题记： 龛室下方和右侧有藏文题记，右侧题记宽 0.28 米，高 0.23 米，汉译"顶礼犀甲护法"。下方题记宽 0.82 米，高 0.25 米，汉译"道光二十二年水虎八月十五日，饶降巴达木林扎布敬刻"。

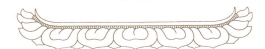

文殊菩萨
南-20

位置： 位于大雄宝殿南侧，刻于一块大石上，大石高 2.50 米，宽 3.00 米。

形制： 平面竖长方形浅龛，方形龛楣。龛高 1.18 米，宽 1.03 米，深 0.06 米。

造像内容： 圆形背光与头光，两侧以祥云托日月。头戴五佛冠，细目长眉，鼻梁高挺，双耳垂肩。帔帛披肩绕臂，下垂至莲台又向上翻卷。戴项圈、手镯、臂钏、璎珞等，左手于胸前结印，持花茎，花茎沿左侧向上，至左肩盛开莲花，花心上放置般若经书，右手上举，紧握智慧剑。结跏趺坐于仰莲台上。

现状： 残存斑驳彩绘，保存完好。

题记： 龛顶题记宽 0.19 米，高 0.18 米。龛左题记高 0.40 米，宽 0.16 米，已损毁多半，应为文殊菩萨心咒，仅存"巴"字。

不动明王
南-21

位置： 位于大雄宝殿南，和无量寿佛像刻于同一大石上。大石高 1.90 米，宽 2.03 米。

形制： 平面竖长方形尖拱塔形龛。龛高 0.70 米，宽 0.60 米，上深 0.04 米，下深 0.07 米。

造像内容： 火焰纹背光。一面二臂三目，头戴五骷髅冠，怒发上扬，呈火焰状，怒目圆睁，呈忿怒相。戴大耳珰。胸腹袒露，项饰璎珞，帔帛飘飞，腰系佩带，下着虎皮裙，左手持绳索，结期克印，右手举宝剑，神武有力，右腿弓，左腿屈膝着地，弓姿于莲座之上。

现状： 保存完好。

题记： 无。

无量寿佛

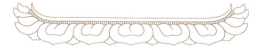

南-22

位置： 位于大雄宝殿南，和不动明王像刻于同一大石上。

形制： 平面竖长方形圆拱塔形龛。龛高 0.49 米，宽 0.38 米，上深 0.03 米，下深 0.04 米。

造像内容： 双层圆形背光与头光，头戴五佛冠，面容饱满，面相庄严，双耳垂肩，戴大耳珰，耳边宝缯向上翻卷。胸饰璎珞、佩手镯、臂钏，帔帛搭于手臂，于肘部形成环状后再呈 S 型翻卷。双手结禅定印于腹前，手托贲巴瓶，瓶中生出宝树，结跏趺坐于莲座上。

现状： 造像略有风化。

题记： 无。

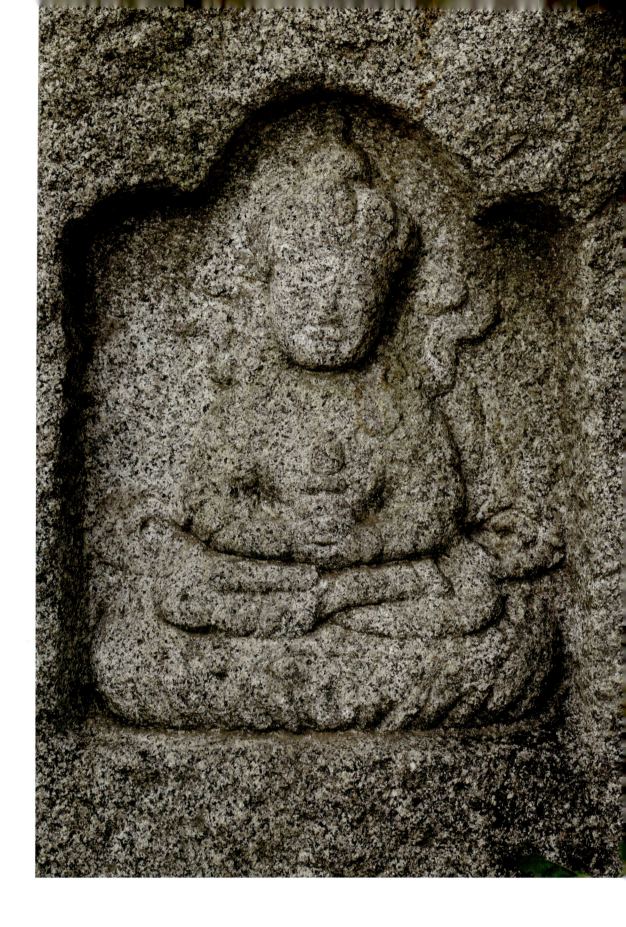

无量寿佛
南 -23

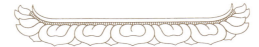

位置： 位于密宗殿东侧，刻于一块大石上，大石高 2.83 米，宽 3.00 米。

形制： 平面竖长方形圆拱塔形龛。龛高 0.90 米，宽 0.70 米，上深 0.05 米，下深 0.19 米。

造像内容： 双层圆形背光与头光，头戴五佛冠，发髻高束，面容饱满，双耳垂肩，戴大耳珰，耳边宝缯向上翻卷。胸饰璎珞，戴手镯、臂钏，帔帛搭于手臂，在肘部形成环状后再呈 S 型翻卷。双手结定印于腹前，手托贲巴瓶，结跏趺坐于仰莲座上。

现状： 龛室下方左右两侧有柱洞，造像有风化，保存基本完好。

题记： 龛室下方阴刻有藏文金刚手菩萨心咒，宽 1.95 米，高 0.55 米，音译为"嗡巴杂巴尼吽呸"。

无量寿佛

南 -24

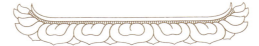

位置： 位于大雄宝殿南，刻于一块大石上，大石宽 2.53 米，高 1.17 米。

形制： 平面竖长方形圆拱塔形龛。龛高 0.93 米，宽 0.74 米，深 0.04 米。

造像内容： 圆形背光与头光，两侧以祥云托日月。头戴五佛冠，面容饱满，双耳垂肩，戴大耳珰，耳边宝缯向上翻卷。胸饰璎珞，戴手镯、臂钏，帔帛搭于手臂，在肘部形成环状后再呈 S 型翻卷。双手结定印于腹前，手托贲巴瓶，瓶中生出宝树，结跏趺坐于莲座上。

现状： 造像略有风化。

题记： 无。

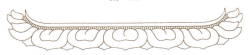

关公、关平、周仓三尊像
南-25

位置： 位于密宗殿南。

形制： 平面横长方形浅龛。龛高 1.08 米，宽 1.10 米，上深 0.08 米，下深 0.03 米。

造像内容： 此龛中共有三尊造像，主尊为关公，关公两侧侍立周仓、关平两位武将。关公高 0.86 米，宽 0.55 米，圆形头光，两侧以祥云托日月。头戴方巾，面庞方阔，须眉倒竖，神情凝重威严。右手捋美髯，髯五绺，左手置膝上。身着甲胄、长袍，脚蹬战靴。正襟危坐于椅子之上，庄重威严。关平高 0.56 米，宽 0.31 米，一身戎装，脚蹬战靴，谦恭儒雅，面露忠勇，左手持剑，右手上举，托"汉寿亭侯印"，威立于关公左侧。周仓高 0.37 米，宽 0.30 米，亦着戎装，脚蹬战靴，双目圆睁，左手叉腰，右手持青龙偃月刀，威立于关公右侧。

现状： 残存斑驳浅淡彩绘，保存完好。

题记： 龛室下方有题记，宽 1.10 米，高 0.16 米，已漫漶不清。

北区

宗喀巴大师

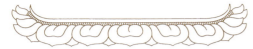

北 -1

位置： 位于药师殿东南的镇山石上。大石高 5.60 米，周长 20.40 米。

形制： 平面竖长方形圆拱塔形龛。龛高 2.135 米，宽 1.21 米，上深 0.07 米，下深 0.135 米。

造像内容： 圆形头光。头戴班智达帽，身着三法衣，结金刚跏趺坐于仰莲台之上。双目有神，面相庄严，微笑中含有慈祥。双手于胸前结说法印，各拈莲枝，莲茎沿两侧手臂而上，分别盛开在左右肩头，左肩花朵上供般若经，右肩花朵上供智慧剑，象征着宗喀巴为文殊菩萨之化身。

现状： 龛右侧有柱洞，保存完好。

题记： 无。

大威德金刚
北-2

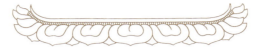

位置： 位于药师殿东南的镇山石上，长寿三尊下方。

形制： 平面线刻浅龛。龛高 2.59 米，上宽 1.50 米，下宽 2.25 米。

造像内容： 火焰纹背光。造型为九面、三十四臂、十六足。九面分三层：最下层有七面，每面各具三眼，正面为忿怒水牛头相，头戴骷髅冠，牛耳竖立，双犄角尖锐有力，尖端各有一团智慧火焰，其余六面对称分布于主面两边，亦戴骷髅冠，呈忿怒相，头发高耸，呈火焰形；中层一面，有三目，头戴骷髅冠，龇牙卷舌，现忿怒相；最上层一面，头戴五叶冠，面相寂静，为文殊菩萨相，五髻顶上有摩尼宝珠。大威德金刚躯体劲健，项挂五十人头鬘，佩各种钏镯。三十四臂中，主尊二臂手握钺刀和嘎布拉碗，其余三十二臂依次往外伸展，每只手中分别持不同法器。腰系虎皮裙，左八腿外展，右八腿屈立，踩于诸多飞禽走兽之上，飞禽、人兽身下还压有诸天神。其中左边八足下依次为秃鹫、枭、鸦、鹦鹉、鹰、鸭、公鸡及雁，表示八自在清净，下面还有六面童子、象头魔、月亮神、太阳神等天神；右边八足下依前向后为俯着的人、水牛、黄牛、驴、驼、狗、绵羊及狐，表示八成就，人兽之下踩着大梵天、帝释天、遍入天、大自在天等天神。天神下为大瓣仰莲台。

现状： 保存完好。

题记： 无。

长寿三尊
北 -3

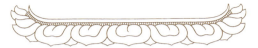

位置： 位于药师殿东南的镇山石上，宗喀巴大师像左上方。

形制： 平面竖长方形圆拱塔形龛。龛高 1.70 米，宽 1.25 米，上深 0.03 米，下深 0.05 米。

造像内容： 龛内中央主尊为无量寿佛，右下侧尊胜佛母，左下侧白度母。中央主尊无量寿佛双层圆形背光，圆形头光。头戴五佛冠、发髻高束，面形丰圆，宽额丰颐，耳边宝缯向上呈 S 型翻卷，双耳坠大耳珰。斜披络腋，胸前满饰宝珠璎珞，帔帛搭于手臂，在肘部形成环状后再呈 S 型翻卷。双手结禅定印，捧长寿甘露宝瓶，结跏趺坐于仰莲台上。

右下侧尊胜佛母为三面八臂造型，圆形背光与头光。每面三眼。中间面形圆阔、沉静；左面呈忿怒相；右面怡容愉悦。胸前有两臂，左手结忿怒拳印并持有羂索，右手托十字金刚杵；其余六臂分展左右，左上手施无畏印，左中手持弓，左下手持定印并托甘露宝瓶，右上手托莲座，莲座上之阿弥陀佛已模糊不清，右中手握箭，右下手垂于右腿之前，施与愿印，结跏趺坐于莲台上。

左下侧白度母圆形背光及头光。面容安详，面部有三眼，双手和双足又各有一眼，共七眼，因而白度母又被称为七眼佛母。据传额头上的眼睛可观十方无量之佛土，其余六只眼睛以观无量众生，赐予众生智慧和长寿。头顶发髻，呈花状，双耳坠耳环。斜披络腋，左手当胸结三宝印，右手垂于膝前结与愿印，两侧各一株盛开莲花。结跏趺坐于莲台上。

现状： 三身造像基本完整，其中尊胜佛母和白度母略有风化，尊胜佛母所持法器均已模糊不清，白度母的衣饰、佩饰及其两侧莲花等均已模糊。

题记： 无。

弥勒菩萨立像
北-4

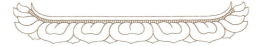

位置： 位于药师殿东南的镇山石上，宗喀巴大师像的右下方。

形制： 平面竖长方形圆拱塔形龛。龛高 2.85 米，宽 1.35 米，上深 0.03 米，下深 0.06 米。

造像内容： 圆形头光。头戴五佛冠，发髻高束，顶有佛塔，面容熙怡，耳边宝缯向上呈 S 型翻卷。宽肩圆腰，身体壮硕，上着天衣，肩挂络腋，下着裙，通身挂璎珞，戴手镯、臂钏、脚环。帔帛自双肩对称而下，直至双足，向两侧飘飞。右手当胸结三宝印，左手下垂，双手各捻乌巴拉花茎，沿臂腕绕至肩头绽放，左边绽放的花朵上放置贲巴瓶，右手当胸结三宝印，右边绽放的花朵上放置法轮，立于仰莲台上。龛内弥勒像右侧又有一竖长方形圆拱小龛，宽 0.26 米，高 0.32 米，无造像。

现状： 保存完好。

题记： 无。

药师佛
北 -5

位置：位于药师殿东南的镇山石上，阎摩护法左侧。

形制：平面竖长方形圆拱塔形龛。龛高 1.75 米，宽 1.16 米，上深 0.07 米，下深 0.23 米。

造像内容：圆形背光与头光，两侧以祥云托日月。磨光高肉髻，面相方圆浑厚，双耳垂肩。体魄健壮，左手于腹前托钵，右手放于右膝上，持带叶的"如拉"（藏青果）。身披袈裟，结跏趺坐于覆莲座上。

现状：鼻、右耳已损毁，其余保存完好。

题记：龛内莲座下方阳刻两行藏文题记，宽 1.16 米，高 0.36 米，为药师佛心咒，音译为"喋雅他嚗贝堪则贝堪则玛哈贝堪则拉杂萨目嘎喋梭哈"。

六臂玛哈噶拉
北 -6

位置： 位于药师殿东南的镇山石上，宗喀巴大师像的下方。

形制： 平面竖长方形圆拱浅龛。龛高 1.41 米，宽 1.23 米，上深 0.01 米，下深 0.02 米。

造像内容： 火焰纹背光。头戴五骷髅冠，怒发上扬；三目圆睁，颦眉忿恨，张口咬啮。佩璎珞，袒胸露腹，共有六臂，胸前二臂，左手捧嘎巴拉碗，右持金刚钺刀；上左手执三叉戟，上右手嘎巴拉念珠；下左手持金刚索，下右手持小鼓。腰系虎皮裙，环绕有颗颗骷髅头。两条腿右屈左展，跨立于一头仰卧的白象身上，白象为财神，左手持髑髅碗，右手持萝卜。白象下为莲台。龛右上方有一竖长方形圆拱小龛，宽 0.28 米，高 0.35 米，无造像。

现状： 保存完好。

题记： 无。

阎摩护法
北-7

位置： 位于药师殿东南的镇山石上，大威德金刚左侧。

形制： 平面竖长方形圆拱浅龛。龛高 1.88 米，宽 1.27 米，上深 0.01 米，下深 0.07 米。

造像内容： 阎摩护法现忿怒相，威立于火焰纹背光中。牛头人身，头戴骷髅冠，三目圆睁，牛角树立，张口呲利牙，火焰形赤发上冲，现忿怒水牛面相。上身佩戴璎珞，躯体丰腴，腹部圆鼓，项挂五十人头鬘。两手高举，左手持罥索，右手捧骷髅棒；双足左伸右屈，右脚踏于牛头之上，左脚踏于牛臀之上。足下水牛怒吼，卧于单层莲座上，牛身则下压"囊珠森杰顿巾"（作恶者）的尸体。

现状： 保存完好。

题记： 无。

阿弥陀佛
北 -8

位置：位于普贤殿西，与刚烈尊胜地母刻于同一块大石上，大石宽 4.15 米，高 3.70 米，厚 1.40 米。

形制：平面竖长方形圆拱塔形龛。龛高 1.45 米，宽 1.13 米，上深 0.22 米，下深 0.22 米。

造像内容：莲瓣形背光，双层圆形头光，两侧以祥云托日月。螺髻高耸，面相慈悲庄严，双耳垂肩。袒右式袈裟，衣褶层次鲜明。双手置于腹前相叠，结禅定印，上托黑色钵。结跏趺坐于仰莲座上。左右两侧分别有莲花及其化生童子，姿态各异。

现状：袈裟残存有彩绘红色痕迹，钵之黑色有所脱落，造像保存完好。

题记：无。

刚烈尊胜地母
北 -9

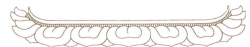

位置： 位于普贤殿西，阿弥陀佛像左侧。

形制： 平面竖长方形圆拱浅龛。龛高 1.55 米，宽 1.23 米，上深 0.20 米，下深 0.20 米。

造像内容： 圆形头光，两侧刻有日月，头戴五叶花冠，面相长圆饱满，有三目，细而长，寂静祥和。双耳垂肩，戴大耳珰。佩璎珞宝珠，戴手镯。上着天衣，飘带穿肘，下着裙，左手托贲巴瓶，瓶中盛满珠宝；右手上举，持长羽剑。游戏坐于威武的骡背上，骡子昂首挺胸，右蹄抬起，腾于祥云之上，似腾空飞行。骡鬃和尾巴皆黑色。

现状： 保存完好。

题记： 无。

无量寿佛
北-10

位置： 位于白塔南侧，与无量寿佛、长寿三尊和马头明王等造像刻于同一块大石的不同崖面上，大石周长6.72米，高2.75米。

形制： 平面竖长方形圆拱浅龛。龛高1.05米，宽0.73米，上深0.05米，下深0.12米。

造像内容： 双层圆形背光与头光，两侧以祥云托日月。头戴五佛冠，发髻高束，面容寂静祥和，双耳垂肩，戴大耳珰，耳边宝缯向上翻卷。胸饰璎珞，戴手镯、臂钏、脚环。帔帛搭于手臂，在肘部形成环状后再呈S型翻卷。双手结禅定印，手托贲巴瓶，瓶中生出如意宝树，结跏趺坐于仰莲台之上。

现状： 残存浅淡彩绘，保存基本完好。

题记： 无。

长寿三尊
北-11

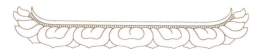

位置： 位于白塔南侧大石，无量寿佛左侧、马头明王右侧。

形制： 平面竖长方形圆拱塔形龛。龛高 0.82 米，宽 0.67 米，上深 0.05 米，下深 0.05 米。

造像内容： 龛内中央主尊为无量寿佛，右下侧尊胜佛母，左下侧白度母。中央主尊无量寿佛，高 0.53 米，宽 0.30 米。圆形背光与头光。头戴五佛冠，发髻高束，面容、纹饰、佩戴饰物等皆已漫漶不清晰。双手结禅定印，捧长寿甘露宝瓶。结跏趺坐于莲座上。右下侧尊胜佛母，高 0.37 米，宽 0.30 米。圆形背光与头光。三面八臂造型，整体造型多有风化，所持法器已不存。结跏趺坐于仰覆莲台上。左下侧白度母，高 0.37 米，宽 0.30 米。圆形背光与头光。头顶发髻，呈花状，双耳坠耳环，面容模糊但不失庄严。斜披络腋，左手当胸结三宝印，右手垂于膝前结印，手印模糊不清。结跏趺坐于仰覆莲台上。

现状： 三身造像轮廓基本完整，但风化比较严重，造像之面容、纹饰等颇为模糊，法器亦不清晰。

题记： 无。

马头明王

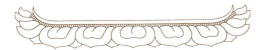

北-12

位置： 位于白塔南侧大石，长寿三尊左侧。

形制： 平面竖长方形圆拱浅龛。龛高 0.91 米，宽 0.67 米，上深 0.03 米，下深 0.02 米。

造像内容： 共三头六臂，火焰纹背光，威立于覆莲座上。戴五骷髅冠，竖发直立，发髻中有三个马头。三面皆各具三眼，怒目圆睁，獠牙外露，现大怖畏相。正面像双耳戴大耳珰，袒胸露腹，胸前饰有璎珞，手、臂、踝皆佩蛇状钏环，项挂一串人骷髅头大璎珞，垂至腰间，腰系虎皮裙，仪态威猛。六臂侧展，呈放射状，六手或持法器，或结手印。左上手结怒斥印，左中手持长矛，左下手握钩绳，右上手握金刚杵，右中手执骷髅杖，右下手持宝剑。有八腿，右四腿并叠而屈，呈弓步姿势，左四腿并叠而展。

现状： 保存完好。

题记： 无。

无量寿佛

北 -13

位置： 位于白塔南侧大石，马头明王左侧。

形制： 平面竖长方形圆拱塔形龛。龛高 1.28 米，宽 0.92 米，上深 0.02 米，下深 0.02 米。

造像内容： 圆形背光与头光，两侧以祥云托日月。头戴五佛冠，发髻高束，面容寂静祥和，双耳垂肩，戴大耳珰，耳边宝缯向上翻卷。胸饰璎珞，戴手镯、臂钏、脚环。帔帛搭于手臂，在肘部形成环状后再呈 S 型翻卷。双手结禅定印，托长寿宝瓶，瓶中生出如意宝树。结跏趺坐于莲台之上。

现状： 保存完好。

题记： 无。

无量寿佛
北 -14

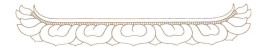

位置： 位于白塔南侧大石，北 -13 无量寿佛左侧。

形制： 平面竖长方形圆拱塔形龛。龛高 0.79 米，宽 0.57 米，上深 0.04 米，下深 0.01 米。

造像内容： 圆形背光与头光，两侧以祥云托日月。头藏五佛冠，发髻高束，面容寂静祥和，双耳垂肩，戴大耳珰，耳边宝缯向上翻卷。胸饰璎珞，戴手镯、臂钏、脚环。帔帛搭于手臂，在肘部形成环状后再呈 S 型翻卷。双手结禅定印，托长寿宝瓶，瓶中生出如意宝树。结跏趺坐于莲台之上。

现状： 保存完好。

题记： 无。

无量寿佛
北-15

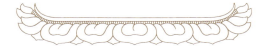

位置： 位于白塔东南侧，刻于一块大石上。

形制： 平面竖长方形圆拱塔形龛。龛高 0.82 米，宽 0.60 米，上深 0.08 米，下深 0.06 米。

造像内容： 双层圆形背光与头光，两侧以祥云托日月。头戴五佛冠，发髻高束、面容饱满，寂静祥和，双耳垂肩，戴大耳珰，耳边宝缯向上翻卷。胸饰璎珞，戴手镯、臂钏、脚环。帔帛搭于手臂，在肘部形成环状后再呈 S 型翻卷。双手结禅定印，手托长寿宝瓶，瓶中生出如意宝树。结跏趺坐于莲台之上。

现状： 保存完好。

题记： 无。

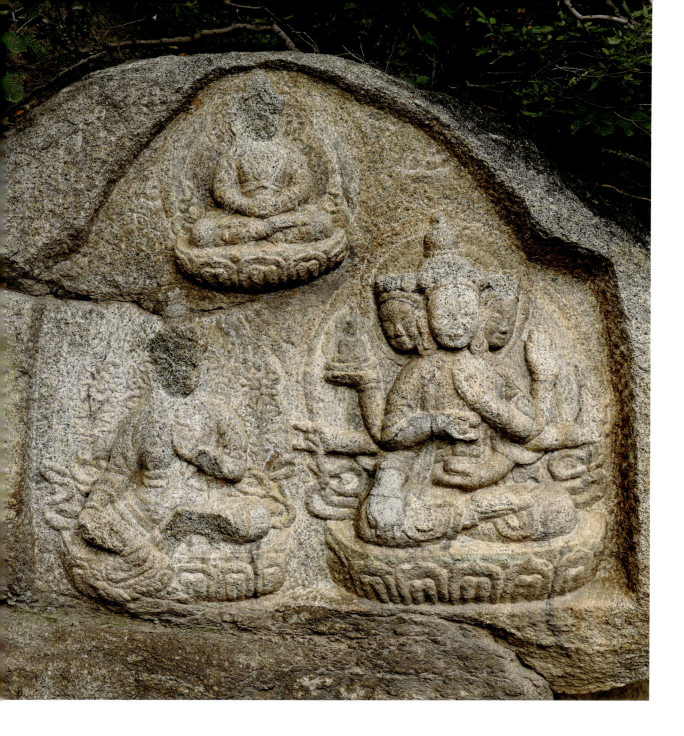

长寿三尊
北-16

位置：位于白塔东南侧，刻于一块大石上。

形制：平面竖长方形尖拱塔形龛。龛高 1.10 米，宽 1.19 米，上深 0.03 米，下深 0.10 米。

造像内容：龛内中央主尊为无量寿佛，左下侧尊胜佛母，右下侧绿度母。

中央主尊无量寿佛，高 0.43 米，宽 0.33 米。双层圆形背光，圆形头光。两侧以祥云托日月。面部残，发髻高束，耳边宝缯向上呈 S 型翻卷。胸前满饰宝珠璎珞，帔帛搭于手臂，在肘部形成环状后，于身体两侧再呈 S 型翻卷。双手结禅定印，捧长寿甘露宝瓶。

左下侧尊胜佛母，结跏趺坐于仰莲台上，高 0.76 米，宽 0.69 米。双层圆形背光与头光。为三面八臂造型，每面有三眼。中间面形饱满，左面呈忿怒相，右面怡容愉悦。左第一手结忿怒拳印并持有罥索，左第二手施无畏印，左第三手持弓，左第四手持定印并托甘露宝瓶；右第一手持十字金刚杵，右第二手托莲座，莲座上之阿弥陀佛已模糊不清，右第三只手握箭，右第四只手施与愿印，垂于右腿之前。

右下侧绿度母，高 0.61 米，宽 0.46 米。头戴五佛冠，双层圆形头光，面部残。藏手镯、臂钏、脚环，饰璎珞珠宝，上着天衣，下着裙，帔帛搭于手臂，在肘部形成环状后再呈 S 型翻卷。左手结三宝印，拈花茎，花茎伸至左侧，向上伸出，至左肩处盛开莲花。右手结施愿印，向外置于膝前，掌心向外，亦拈花茎，花茎沿右臂上伸，至右肩处盛开莲花。绿度母坐于大瓣仰莲台上，双腿屈左展右，左腿单坐，但已残损，右腿向下舒展并踏于小朵莲花之上。

现状：无量寿佛面部残损，绿度母面部、左腿、左脚残损。

题记：无。

无量寿佛
北-17

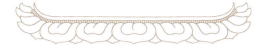

位置： 位于白塔东南侧，刻于一块高 1.70 米，宽 3.00 米，厚 1.50 米的大石上。

形制： 平面竖长方形圆拱塔形龛。龛高 0.57 米，宽 0.39 米，上深 0.17 米，下深 0.10 米。

造像内容： 圆形头光。头戴五佛冠，发髻高束，面部残毁，戴大耳珰，耳边宝缯向上翻卷。胸饰璎珞。帔帛搭于手臂，在肘部形成环状后再呈 S 型翻卷。双手结禅定印，手托贲巴瓶，瓶中生出如意宝树。结跏趺坐于仰莲座上。

现状： 面部残毁，左臂残毁，风化严重。

题记： 无。

十一面八臂观音
北-18

位置： 位于白塔西北侧，通往红石谷马路中央、距白塔约 100 米的大石上，石高 2.60 米，宽 3.30 米，长 3.20 米。

形制： 平面竖长方形圆拱塔形龛。龛高 1.91 米，宽 1.19 米，上深 0.21 米，下深 0.21 米。

造像内容： 圆形背光与头光，共有十一面八臂，两足并列站立于双层仰覆莲座上，身高 0.98 米。十一面共分五层排列，下方三层，每层三面，共九面，皆头戴五叶宝冠，其中前三面为慈悲相，左三面为嗔怒相，右三面为白牙上出相；第四层有一面，为忿怒明王像，头戴骷髅冠，怒目圆睁，獠牙外露；第五层有一面，为佛说法相，已被损毁。头部所占比例较大，头高 0.75 米，层层堆叠，形似宝塔。观音正面双耳垂肩，戴大耳环，身着天衣，披挂璎珞，帛带绕肩，于裙摆边垂折飞动，腰系束带，下着长裙，刻有精美花纹。两臂胸前合十，施礼敬印，余六臂分散展开，呈放射状，或持法器，或结手印，左上手持莲花，左中手持弓箭，左下手持净瓶，右上手结说法印，持念珠，右中手持法轮，右下手结与愿印。

现状： 正面像面部损毁严重，胸前双手和手臂已被损坏，皆以现代水泥修补。左中臂、左下臂半损毁，右上、中、下臂亦皆有损毁。该石曾被埋在地下，后来被挖出，现立于公路中央。此龛右侧，有一平面竖长方形碑状浅龛，龛高 1.08 米，宽 0.40 米，上深 0.02 米，下深 0.02 米。有碑首，碑座为双层仰覆莲花座，碑内文字、图像均已漫漶不清。

题记： 无。

十一面八臂观音
北-19

位置： 位于北-18 左侧。

形制： 平面竖长方形尖拱塔形龛。龛高 1.15 米，宽 0.63 米，上深 0.13 米，下深 0.22 米。

造像内容： 观音共有十一面八臂，两足并列站立，下方为覆莲座。十一面共分五层排列，下方三层，每层三面，共九面，其中下面三层的正面均已损毁，现为人工水泥雕刻，雕工简单，其余八面均有风化，第四层的忿怒明王面容和第五层的佛面容已迷糊不清。头部所占比例较大，层层堆叠，形似宝塔。身着天衣，披挂璎珞，帛带绕肩，于裙摆边垂折飞动，腰系束带，下着长裙，刻有精美花纹。两臂胸前合十，施礼敬印，余六臂分散展开，呈放射状，或持法器，或结手印，左上手持莲花，左中手持弓箭，左下手持净瓶，右上手结说法印，持念珠，右中手持法轮，右下手结与愿印。

现状： 其中下三层的正面均已损毁，为今人修补，其余八面均有风化，第四层的忿怒明王面容和第五层的佛面容已模糊不清。胸前双手和双臂均已损毁，为今人修补。该石曾被埋在地下，后被挖出，现立于公路中央。

题记： 无。此龛左侧有一平面竖长方形浅龛，龛高 0.41 米，宽 0.38 米，上深 0.03 米，下深 0.01 米。浅龛左有题记，高 0.23 米，宽 0.13 米；浅龛下有题记，宽 0.40 米，高 0.18 米，均已漫漶不清。

嘛呢石

北-20

位置： 位于白塔西北侧，通往红石谷马路北侧，刻于一块大石上，大石高 1.43 米，宽 1.10 米，长 1.45 米。

形制： 平面横长方形浅龛。龛高 0.90 米，宽 1.07 米，上深 0.02 米，下深 0.01 米。

造像内容： 无。

现状： 右侧有残损。

题记： 该龛仅有藏文题记，为三怙主心咒，即观世音菩萨心咒、文殊菩萨心咒和金刚手菩萨心咒，三怙主分别表征大悲、大智和大勇。